JAKE & DINOS CHAPMAN

JAKE & DINOS CHAPMAN

THE MARRIAGE OF REASON AND SQUALOR

EL MATRIMONIO DE LA RAZÓN Y LA MISERIA

CAC MÁLAGA
CENTRO DE ARTE CONTEMPORÁNEO DE MÁLAGA
30 ABRIL - 25 JULIO 2004
30 APRIL - 25 JULY 2004

DUNKERS KULTURHUS
HELSINGBORG
28 AGOSTO - 21 NOVIEMBRE 2004
28 AUGUST - 21 NOVEMBER 2004

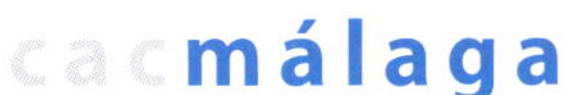

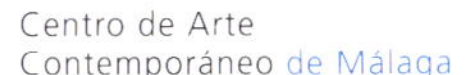

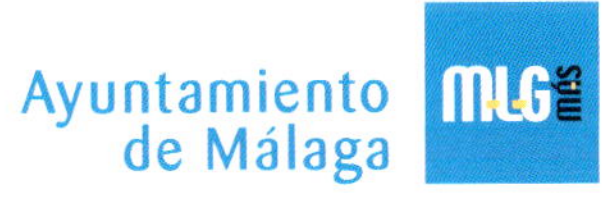

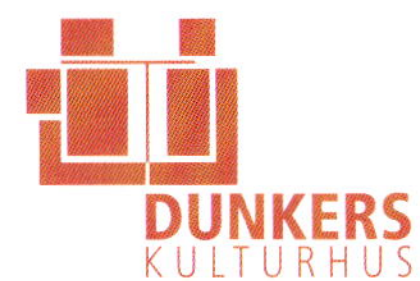

Índice / Contents

Francisco de la Torre Prados

ALCALDE DE MÁLAGA

JAKE Y DINOS CHAPMAN son posiblemente los artistas más controvertidos de Europa. Su obra, siempre impactante, puede verse hoy en el CAC Málaga y por vez primera en España en una exposición que, bajo el título de *El Matrimonio de la Razón y la Miseria*, reúne un total de diez obras, entre series de grabados, esculturas e instalaciones, representativas del conjunto de su trayectoria artística.

Desde que comenzaran a destacar en la década de los noventa, la obra de los hermanos Chapman ha sido calificada de provocadora y escandalosa. Sin embargo, tras lo que puede considerarse como una primera lectura, existe todo un trasfondo filosófico que analiza fenómenos tan complejos como la violencia, la cultura del consumo y el propio proceso artístico, poniendo sobre la mesa tabúes sociales que enfrentan al espectador con una serie de hechos que no por encubiertos resultan menos reales.

En este sentido, destacan los tres trabajos inspirados por *Los Desastres de la Guerra* de Francisco de Goya, una obra que los Chapman reinventan y actualizan a través de la manipulación de una serie de grabados originales del pintor aragonés, de la realización de su propia versión de éstos y de la recreación a escala real de una de sus más crudas estampas bélicas. El conjunto de estas piezas bien podría recordar a otro célebre grabado del genio español: *El Sueño de la Razón produce Monstruos.*

Los hermanos Chapman proponen un ejercicio de reflexión acerca de unos "monstruos" sociales que debemos conocer para poder evitar su aparición. *El Matrimonio de la Razón y la Miseria* despertará opiniones diversas, alimentará participados debates y estoy seguro de que a ningún visitante dejará indiferente.

Francisco de la Torre Prados

MAYOR OF MALAGA

JAKE AND DINOS CHAPMAN are perhaps Europe's most controversial artists. Their work, which is always powerful, can now be seen for the first time in Spain in CAC Malaga, in an exhibition entitled *The Marriage of Reason and Squalor*, comprising a total of ten works, including a series of etchings, sculptures and installations, all representing their combined artistic trajectory.

From the time they first started to achieve prominence in the 1990s, the Chapman brothers' work has been described as provocative and scandalous. However, behind what could be considered as a first reading of their work, there lies a profound philosophical background analysing such complex phenomena as violence, consumer culture and the artistic process itself, and raising social taboos that confront the viewer with a series of facts that are no less real by being hidden.

In this sense, highlights of their work are three pieces inspired by Francisco de Goya's *Disasters of War*, a work the Chapmans have reinvented and updated by changing a series of original etchings by the Aragonese painter, creating their own version of these prints and recreating in actual size one of Goya's harshest war prints. The combined group of these pieces may bring to mind another celebrated print by this Spanish genius: *The Sleep of Reason Produces Monsters.*

The Chapman brothers want us to think about certain social "monsters" that we must learn to understand in order to avoid their appearance. *The Marriage of Reason and Squalor* will provoke diverse opinions, trigger lively discussions and undoubtedly leave no visitor indifferent.

Disasters of War y otros daños colaterales de Jake y Dinos Chapman / *Disasters of War* and other collateral damage by Jake and Dinos Chapman

FERNANDO FRANCÉS

DIRECTOR DEL CAC MÁLAGA / DIRECTOR OF CAC MÁLAGA

EL CONSENSO DE UN MUNDO OBSESIONADO con no remover las entrañas de la tranquilidad, ha generado que "lo políticamente correcto" se haya convertido en un síntoma de excelente buena salud. La salud social que se predica con el objetivo de creérsela como un dogma de fe y, de esta manera, no tener que pasar por el trance de cuestiones que exigirían las respuestas traumáticas, desconcertantes y poco adecuadas que un mundo de talante y vocación hipócrita, no está dispuesto a digerir. Quizá por cuestión de estética las macro-estructuras sociales, culturales y políticas estarían posiblemente dispuestas a aceptarlas pero dudan incluso de sí mismas y de su capacidad de reacción. Este *alien* creado entre todos y con el consentimiento de todos, está dispuesto a saciarse de sus propias falacias pero lo que indudablemente no puede es aceptar que se las recuerden o si quiera que se las insinúen.

En esta coyuntura la filosofía juega el papel de chico bueno: reflexiona sobre los acontecimientos y busca respuestas plausibles que tranquilicen todas las sensibilidades incluso las más inconformistas porque al final todos acabamos sucumbiendo ante lo incontestable. Pero especialmente la filosofía busca con argumentos enamoradizos tranquilizar todas y cada una de las conciencias humanas con la disculpa de enseñar a vivir. Sin embargo el arte, por lo menos una parte del arte, ha sabido siempre mantener su libertad de actuación e insinuación. Su capacidad de protesta y de emitir alegatos inconformistas han resultado ser ilimitados y bastante incómodos. El arte no siempre tiene la posibilidad de romper estructuras pero al menos puede removerlas, inquietar a sus guardianes y evitar un sueño placentero y sordo ante las flaquezas y enfermedades del mundo actual. El arte del compromiso es un hijo pródigo que reniega de la protección convencional e institucionalizada del hogar. Un hijo capaz de contravenir las reglas del protocolo y el orden. El arte,

THE CONSENSUS OF A WORLD OBSESSED with not rocking the boat of tranquillity has turned the "politically correct" into a sign of rude good health. The social health preached with the aim of elevating it to an article of faith so that it does not have to undergo the hardship of questions which might require the traumatic, disconcerting and unsuitable answers which a world hypocritical by nature and calling is not prepared to swallow. Perhaps for a question of aesthetics the social, cultural and political macrostructures might be prepared to accept them, but they even doubt themselves and their capacity for reaction. This *alien* created amongst us all and with consent of us all is ready to gorge on its own fallacies, but what it can definitely not accept is to be reminded of them or even have them hinted at.

In this set up philosophy plays the part of the *good boy*: it reflects on events and seeks plausible answers which will calm even the most nonconformist sensibilities, because in the end we all succumb to the unanswerable. But, with appealing arguments, philosophy in particular sets out to calm all human consciences with the excuse of teaching them how to live. Art, however, or at least some art, has always managed to keep its freedom of action and insinuation. Its capacity for protesting and issuing nonconformist statements has been unlimited and rather uncomfortable. Art cannot always break the structures but at least it can stir them up, worry their guardians and avoid the pleasant sleep of the deaf in the face of the weaknesses and ailments of the world today. The art of commitment is a prodigal son who refuses the conventional, institutionalised protection of the home. A son who can break the rules of protocol and order. Art, in this way, is an enormous oxygen tank which feeds dignity.

en este sentido, se convierte en una enorme bolsa de oxígeno que alimenta la dignidad.

No todo el arte está dotado de esos aspectos curativos y catárticos. Cuando por casualidad tropezamos la mirada con ese tipo de arte, la mente se conmueve y se agita. Salen al exterior toda clase de estímulos ocultos y muchas veces inconfesables que provocan una especial comunicación basada en la complicidad. En ocasiones no es pretendida y surge como un encuentro casual; otras veces la actitud del artista estimula la reacción provocando reacciones en cadena no siempre controladas. Muchas de las respuestas pueden, ni siquiera, ser atendidas, pueden no importar o interesar al artista, pueden incluso ser buscadas para ser desechadas o analizadas como una cobaya desconocedora de ser utilizada. Las más de las veces, las voces cualificadas de la sociedad se alzan contra toda manifestación artística que les remueve la conciencia. No siempre las entienden siquiera pero el mero hecho de no entender cuáles son las pretensiones del artista las hacen ya peligrosas. Por ello la propia sociedad se defiende lanzando hordas de críticos de arte y de teóricos, de periodistas y sociólogos, de filósofos y hasta de políticos contra lo que no se puede entender desde la tranquilidad de una butaca. En el fondo molesta toda indisciplina que se apellide libertad.

Unos de los artistas que con mayor rotundidad han removido las conciencias de la estética actual son, sin duda alguna, los hermanos Jake y Dinos Chapman quienes han aportado una mirada fresca e irreverente hacia algunos de los conflictos generados por los humanos para consigo mismos. En especial, han aportado una nueva mirada sobre los aspectos más sórdidos de las relaciones humanas, de las relaciones entre los pueblos. La violencia y sus consecuencias han sido la disculpa para poner en entredicho y de forma general, no sólo aquellas enfermedades de que

Not all art is equipped with those curative, cathartic aspects. When our gaze lights on this kind of art, our minds are moved and shaken. All kinds of hidden and often unconfessable stimuli emerge and create a particular kind of communication based on complicity. Sometimes it is not intentional and appears like a chance encounter; other times the artist's attitude stimulates the reaction and sets off chain reactions which are not always controlled. Many of the answers may not even be heard, they may not matter to or interest the artist, they may even be sought to be discarded or analysed like a guinea pig that does not know that it is being used. Most often the expert voices of society are raised against any artistic expression that stirs their conscience. They do not always even understand them, but the mere fact of not understanding the artist's intentions makes them dangerous. That is why society defends itself by unleashing hoards of art critics and theoreticians, journalists and sociologists, philosophers and even politicians on what cannot be understood from the peace and quiet of an armchair. In the end any lack of discipline named freedom is a nuisance.

Two of the artists who have most roundly stirred the consciences of aesthetics today are, beyond a shadow of a doubt, the brothers Jake and Dinos Chapman, who have brought a fresh, irreverent eye to some of the conflicts generated by human beings with one another. In particular they have taken a new look at the most sordid aspects of human relations, of relations between people. Violence and its consequences have been the excuse for shedding general doubt on those ailments society is suffering from, especially the ones that most degrade the human condition. Their work reminds those pharisaic minds that in each act of violence we have

adolece la sociedad sino especialmente las que más degradan la condición humana. Su obra recuerda a las mentes fariseas, para las que en cada acto de violencia todos hemos sido culpables. Hemos construido un mundo donde los valores más ensalzados tenían que ver con la valentía de conseguir la humillación ajena. No en vano la guerra es un intento de humillación y la victoria, la constatación de que se ha conseguido. Pero en definitiva esa constatación, es en sí misma, una derrota para quien la consigue, un acto vergonzante por lo arcaico y anacrónico.

El interés de los Chapman por la serie de grabados *Los desastres de la guerra* de Francisco de Goya no es una casualidad. Indudablemente existen muchas similitudes entre las respectivas miradas sobre la guerra y la violencia de los Chapman y de Goya. Pudiera parecer presuntuoso equipararles como artistas y posiblemente eso, sí lo sea. Pero no es menos verdad que tanto Goya como los hermanos Chapman adoptan una actitud irreverente con el mundo que les ha tocado vivir. Una actitud de no aceptación de la realidad, de queja y consternación ante lo que ellos consideran una injusticia y una amoralidad. Hay quien ha visto en el uso de los grabados de Goya por parte de los Chapman algo próximo a una herejía artística pero, lejos de ello, lo que verdaderamente subyace es una pasión por la obra de Goya, un reconocimiento y admiración absolutamente vital y emocionante. Desde luego pintar sobre unos grabados originales de Goya supone, sin duda, una actitud radicalmente diferente a la utilizada por Robert Rauschenberg al adquirir, borrar y titular *Erased De Kooning Drawing*, un dibujo auténtico de Willem de Kooning o, unos años después, la actitud de Eduardo Arroyo, Gilles Aillaud y Antonio Recalcati desacralizando las obra de Duchamp: *Nu descendant un escalier, Fontaine, Fresh Widow* y *Grand Verre* o incluso un tiempo después el mismo Arroyo con una obra de Joan Miró *Espagne te regarda. La masía.*

all been guilty. We have built a world where the most exalted values have to do with the bravery of achieving the humiliation of the other. It is not by chance that war is an attempt to humiliate and victory the confirmation that one has done so. But, in short, that confirmation is in itself a defeat for the person who attains it, a shameful act because it is archaic and anachronistic.

The Chapmans' interest in the series of etchings by Goya entitled *The Disasters of War* is no accident. There are undoubtedly many similarities between their ways of looking at war and violence. It may seem presumptuous to compare them as artists, but it is true that both Goya and the Chapman brothers adopt an irreverent attitude to the world they happen to live in. An attitude of not accepting reality, of complaint and consternation in the face of what they regard as injustice and amorality. There are people who have seen an artistic heresy in the Chapmans' use of Goya's etchings, but, far from that, what truly underlies it is a passion for Goya's work, a recognition and admiration which is totally alive and exciting. Of course, painting over Goya's original engravings is a radically different attitude from Robert Rauschenberg's when he acquired, erased and gave the title *Erased De Kooning Drawing* to a real drawing by Willem de Kooning or, some years later, Eduardo Arroyo, Gilles Aillaud and Antonio Recalcati's when they desacralised Duchamp's works, *Nu descendant un escalier, Fontaine, Fresh Widow*, and *Grand Verre* or even some time Arroyo again with a work by Joan Miró *Espagne te regarda. La masia.*

Jake and Dinos have started out from Goya's iconographic and ideological complicity in the face of the irrational and moved ahead with a contemporary

Jake y Dinos han partido en su obra de la complicidad iconográfica e ideológica de Goya ante lo irracional para avanzar con una estética contemporánea. Sin embargo, igual que pudieron hacer esos otros artistas en otros momentos, hay una deliberada intencionalidad irresponsable en su acto que implica igualmente un nivel de compromiso para con su propia obra que realmente sobrepasa la provocación. La trasgresión de la estética y de los valores sobrepasa con creces lo imaginable y en ese territorio es donde los Chapman encuentran su paraíso de ideas, horrores y risas.

Resulta difícil comprender qué es lo verdaderamente auténtico, si los grabados de Goya o las intervenciones realizadas por los Chapman. Subyace efectivamente un problema de realidad y virtualidad. Indudablemente los grabados eran auténticos pero no lo son menos los dibujos y pinturas realizados sobre ellos por los Chapman. Es más, les confieren una nueva dimensión más irónica, más controvertida y surrealista. En toda la obra de Jake y Dinos, como en otras facetas y acciones de su vida cotidiana, existe un componente lúdico y divertido que pudiera dar una primera y falsa imagen de frivolidad a su trabajo pero que en realidad le confiere naturalidad y veracidad porque realmente entre su forma de entender el trabajo y la vida no existe mucha diferencia.

Por otra parte y aún reconociendo el evidente factor dramático y provocador de *Los desastres de la guerra,* encontramos en muchos aspectos de la pintura de Goya una intención lúdica. No me refiero a lo evidente de *La gallina ciega, El aquelarre* o *El coloso*. Goya utiliza unas imágenes casi de índole onírica para descubrir o señalar un problema de justicia o de moral. Lo fatuo oculta lo profundo exactamente igual que lo que han hecho los Chapman en series tan famosas ya como *Tragic Anatomies*. Sin embargo el horror y la sinrazón no sólo la evidencian en la serie *Disasters of War* sino que de igual manera en *Hell*,

aesthetic. However, just as other artists might have done at other times, there is a deliberate irresponsible intention in their act which also implies a degree of commitment to their own work which really goes beyond provocation. The transgression of aesthetics and values surpasses the imaginable and it is in this territory where the Chapmans find their paradise of ideas, horrors and laughter.

It is difficult to understand what is truly authentic, Goya's etchings or the Chapmans' interventions. There is an underlying problem of reality and virtuality here. Undoubtedly the engravings were authentic, but the drawings and paintings done on them by the Chapmans are no less so. More than that, they give them a new, more ironic, more controversial and surrealist dimension. In all Jake and Dinos' work, as in other facets and actions of their everyday life, there is an amusing, playful component which could give their work a first false image of frivolity, but in fact gives it naturalness and veracity because between their way of understanding work and life there is really not much difference.

Moreover, and acknowledging the evident dramatic and provocative factor of *The Disasters of War*, we find a playful intention in may aspects of Goya's painting. I am not referring to the obvious *La gallina ciega (Blind Man's Buff), El aquelarre (The Coven)* or *El coloso (The Colossus)*. Goya uses almost dreamlike images to reveal or point to a problem of justice or morality. The fatuousness conceals the depth in exactly the same way as the Chapmans have done in series as famous as *Tragic Anatomies*. However the horror and madness are not only in evidence in the *Disasters of War* series, but equally so in *Hell*, where they find once again the elements that can best express their ideas and feelings. The

ellos encuentran nuevamente los elementos que mejor pueden expresar sus ideas y sus sentimientos. La minuciosidad, la crueldad y las referencias históricas y artísticas se convierten en otra manera de descubrir los desastres y las consecuencias de la guerra. De igual manera desde la primera vez que vi estas obra en la exposición *Apocalypse* no pude nunca más separar su realidad de la película *Apocalypse Now.*

Las cabezas cortadas y colgadas, la venganza, la ira, la violación, las ejecuciones en masa, los campos sembrados de cadáveres, el castigo y la muerte que Goya supo describir con un realismo que recogía todo el dramatismo de la barbarie humana pudieron igualmente inspirar a Francis Ford Coppola al igual que lo hicieron con los Chapman. El grabado *Grande hazaña! Con muertos!* quizá el más teatral de toda la scric, ha inspirado de manera especial a Jake y Dinos. Nos sólo se ha convertido en un imagen de referencia sino también en el origen de una escultura verdaderamente espectacular *Sex I* que fue la obra con la que optaron al pasado premio Turner y que resume de manera total su manera de entender el horror y su manera de trabajar. Miles de pequeños insectos, pintados a mano como en *Hell*, trepan por el árbol para devorar los despojos humanos. Hay una pretendida minuciosidad en el proceso creativo que exagera y ralentiza la crueldad. Obliga al espectador a detenerse en cada hueco, en cada detalle para desde lo mínimo, imaginar y reflexionar sobre el tema principal.

Jake y Dinos Chapman pueden ser los *bad boys* de la película del arte contemporáneo europeo pero no se les puede restar un ápice de valor por situarse frente al orden establecido. Una situación, sin embargo, absolutamente opuesta a la de Francisco de Goya quien sí prestó fidelidad a José Bonaparte como rey de España cediendo al poder. Nada es lo que parece aunque en la apariencia está la clave que conduce las ideas a la verdad, origen de toda esperanza.

minuteness, the cruelty and the historical and artistic references become another way of discovering the disasters and consequences of war. Likewise, since the first time I saw those works in the exhibition *Apocalypse* I have never been able to separate their reality from the film *Apocalypse Now.*

The severed, hanging heads, the revenge, the anger, the rape, the mass executions, the fields strewn with corpses, the punishment and the death which Goya described with a realism that brought together all the drama of human barbarity also inspired Francis Ford Coppola, just as it inspired the Chapmans. The etching *Grande hazaña! Con muertos! (Great Deeds Against the Dead)*, perhaps the most theatrical of the series, has particularly inspired the Chapman. Not only has it become a reference image, but also the origin of a truly spectacular sculpture *Sex I*, which was the work they submitted for the last Turner Prize and which totally sums up their way of understanding horror and their way of working. Thousands of small insects painted by hand, as in *Hell*, climb up the tree to devour human remains. There is a deliberate care in the creative process which exaggerates and slows down the cruelty. It obliges the spectator to stop at each hollow, at each detail to imagine and reflect on the main theme from the even these small details.

Jake and Dinos Chapman may be the *bad boys* in the film of contemporary European art, but no-one can take an iota of courage from them for facing up to the established order. A situation, nevertheless, absolutely opposed to Francisco de Goya's; he did give his loyalty to Joseph Bonaparte as king of Spain, thus giving in to power. Nothing is what it seems, although in appearance we find the key which leads ideas to truth, the origin of all hope.

Deformaciones monstruosas: El ambiente de Jake y Dinos Chapman / Monstrous Distortions: The Climate of Jake and Dinos Chapman

MATTHEW COLLINGS

Súper

LOS CHAPMAN NACIERON A PRINCIPIOS DE la década de los 60 –Jake en 1966, Dinos en 1962. Viven y trabajan en Londres. Fueron finalistas al Premio Turner en 2003. Empezaron a ser conocidos en 1993, cuando expusieron la obra titulada *Little Death Machine*, que consistía en un cerebro humano que parecía muy real, un pene erecto y un martillo de verdad, todo ello dotado de un movimiento mecánico que de alguna manera conectaba el cerebro con el pene mediante un golpe del martillo; cada golpe hacía eyacular el pene.

Más tarde, realizaron una escultura realista, de tamaño natural, del científico Stephen Hawking manteniendo el equilibrio en su silla de ruedas al borde de un precipicio. Se llamó *Übermensch*. Los Chapman dijeron también que querían complementar esta obra con otra que mostrara a Christopher Reeve, el ex Superman de Hollywood, y que tal vez las pondrían las dos juntas suspendidas en el aire, en órbita alrededor de un esqueleto gigantesco.

Las obras incluidas en esta exposición abarcan el periodo de diez años que va desde *Little Death Machine* hasta el premio Turner. Parecen constituir un festival de conmociones anárquicas, pero también no ser del todo anárquicas. Las obras no son brotes salvajes, siguen un modelo similar. Se concibe algo horrible y luego se somete a variaciones sistemáticas. Conocemos actos de tortura y escenas extremas de pornografía, degradación y vileza que suponen regresión. En las obras de los Chapman hay muchas bromas sobre este tema. Hacen representaciones icónicas de fantasías infantiles que son simultáneamente claras y obvias, y escurridizas y cómicas.

La serie de grabados de Goya *Los desastres de la guerra*, producida entre los años 1810 y 1820, muestra

Super

THE CHAPMANS WERE BORN IN THE EARLY 60s - Jake in 1966, Dinos in 1962. They live and work in London. They were short-listed for the Turner Prize in 2003. They first became well known in 1993 when they exhibited a tabletop assemblage called *Little Death Machine*. It consisted of a lifelike human brain, erect penis and a real hammer, all animated by a mechanical movement through which the brain was somehow connected to the penis by a hammer blow, which on each repetition caused the penis to ejaculate.

Later they turned out a life-sized realistic sculpture of the scientist Stephen Hawking balanced in his wheelchair on the edge of a cliff. It was called *Ubermensch*. The Chapmans have said they want to complement this work with another one showing the ex-Hollywood Superman, Christopher Reeve, and then maybe put the two together out in space, orbiting a giant skeleton.

The works included in the present exhibition span the ten-year period from *Little Death Machine* to the Turner Prize. They seem to make up a festival of anarchic shocks, but also not to be totally anarchic. The works are not wild eruptions. They follow a similar pattern. Something horrible is conceived and

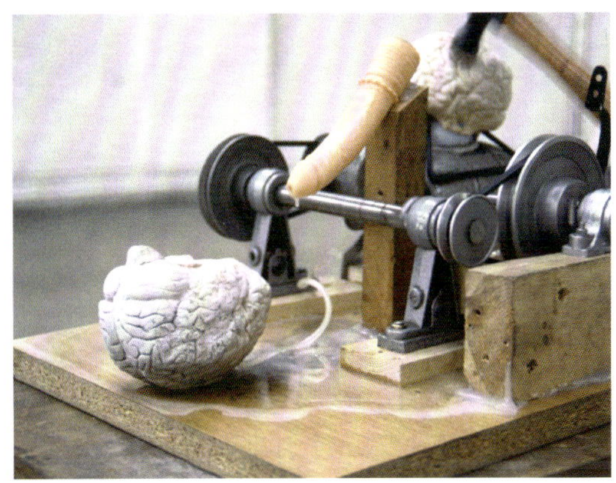

Jake & Dinos Chapman
Little Death Machine (Castrated), 1993
Técnica mixta / Mixed media
138.4 x 74.2 x 94.3 cm

escenas siniestras de castraciones, torturas, violaciones y asesinatos múltiples –sabemos que Goya presenció realmente muchas de ellas durante la invasión francesa. Al principio de su carrera, los Chapman transformaron cada una de las 82 imágenes en un pequeño *tableau* realizado fundiendo y deformando y luego pintando soldaditos de juguete de Airfix. Todo el conjunto forma una única obra, que se exhibe sobre una pequeña peana blanca. La exposición incluye también dos series de grabados de los Chapman producidas en 2000 y 2001 que, si bien no se relacionan directamente con *Los desastres de la guerra*, remiten a ellos por su tamaño y estructura y también por su contenido de atrocidades. En su obra temprana, hay algo absurdo en lo que se refiere a reducir a Goya a dimensiones de miniatura. Con estos grabados, los Chapman parecen actualizar a Goya, pero le quitan deliberadamente la humanidad y el sentido de indignación moral que creemos que existe en él. En su lugar, obtenemos un infierno zombi lleno de bullicio, pero en el que, de hecho, nada vive. La horrenda muerte parece estar en todas partes, la vitalidad es una broma. Por otra parte, esta broma es divertida –las escenas son pueriles, necias, de adolescente, pero uno quiere seguir mirando, se siente atraído por ellas. La sensación de muerte se compensa por una constante vivacidad de ideas. La línea del dibujo es espontánea, pero con una espontaneidad controlada. Los grabados están cuidadosamente realizados y maravillosamente coloreados.

La misma negatividad burlona contrarrestada por la precisión y la cuidadosa organización anima las esculturas e instalaciones de los Chapman. Muñecas hinchables, ideadas para que los frustrados se satisfagan, practican, en cambio, el sexo oral; un McDonalds se pudre en el fin del mundo; una caravana en el bosque es el escenario de un crimen –hay un cuerpo descuartizado– que cometió un artista.

then put through systematic variations. We know acts of torture and extreme scenes of pornography and degradation and vileness involve regression. In the Chapman's works there are many jokes on this theme. They make iconic representations of infantile fantasies that are simultaneously clear and obvious and elusive and rich.

Goya's series of etchings, *The Disasters of War*, produced during the years 1810-20, show grim scenes of castration, torture, rape and multiple murder – many of which we know Goya actually witnessed during the French invasion. Early in their career the Chapmans transformed each of the 82 images into a little tableau made by melting and distorting and then painting children's Airfix soldiers. The whole set forms a single work, displayed on a small white plinth. The present exhibition also includes two series of etchings by the Chapmans produced in 2000 and 2001. These don't relate directly to *The Disasters of War* series but they do refer to it in their size and structure and also in their content of atrocity. In the earlier work there is something absurd about reducing Goya to toylike dimensions. With these etchings the Chapmans seem to update Goya but deliberately remove the humanity and sense of moral outrage we believe exists in Goya. Instead we get a zombie hell full of bustling activity but with nothing actually living. Rotting death seems everywhere. Vitality is a joke. On the other hand this joke is funny – the scenes are peurile, fatuous, adolescent, but you want to keep looking. You're drawn in. Deathliness is offset by a constant liveliness of ideas. The drawn line is spontaneous but it's a controlled spontaneity. The etchings are carefully done and beautifully coloured.

The same jokey negativity countered by precision and careful staging animates the Chapmans'

¿Qué expresa toda esta *joie de vivre* negra? Los Chapman consideran que su contenido no es personal o la expresión de un dolor interior, sino objetivo, que les ha provocado su tiempo y el ambiente social e intelectual. ¿Cuál es nuestro ambiente ahora? ¿Cómo funciona? Volvamos atrás el reloj cincuenta años y veamos de dónde venimos.

Historia del arte y el arte ahora

Los Chapman dicen a menudo que están interesados en los actos transgresores de la historia del arte. Uno de los ejemplos que aducen es la historia de Robert Rauschenberg, quien a principios de los años cincuenta pidió a Willem de Kooning, el mundialmente famoso pintor expresionista abstracto, que le diera un dibujo expresamente para borrarlo. De Kooning accedió. Para dar mayor relevancia al acto, le ofreció un dibujo en el que había trabajado durante mucho tiempo. La hoja resultante fue expuesta en un soporte tipo museo con un solemne título: *Erased De Kooning*.

Históricamente, Rauschenberg representa un punto de inflexión en el arte contemporáneo, desde una fase en que se subraya el aspecto estético hasta otra más abierta a otros niveles de significado. Hoy consideramos sutil esta distinción, puesto que Rauschenberg es un verdadero producto de la misma cultura que está modificando. Nos sentimos alejados de esa cultura. Hace algo impertinente al expresionismo abstracto, pero él también es parte del *ethos* del expresionismo abstracto, que veía el color y la forma como significativos por sí mismos: el rojo no tenía que simbolizar nada; solamente había que darle forma y relacionarlo de forma dinámica con otros colores. Ahora ya no nos interesa el esteticismo de los años cincuenta. Si nos interesara, veríamos que *Erased De Kooning* es un espacio en blanco con alguna que otra mancha, pero también es una

sculptures and installations. Sex dolls designed for the frustrated to satisfy themselves fellate each other instead. A McDonalds rots at the end of the world. A caravan in the woods is the scene of a murder – there's a dismembered body– an artist did it.

What does all this black *joie de vivre* express? The Chapmans feel their content is not personal or an expression of inner pain but objective, given to them by their times and the social and intellectual climate. What is our climate now? How does it work? Let's wind back the clock fifty years and look at where we've come from.

Art history and art now

The Chapmans often say they're interested in transgressive acts in art history. One example they offer is the story of Robert Rauschenberg in the early 1950s asking Willem de Kooning, the world famous Abstract Expressionist, to give him a drawing specifically so he could erase it. De

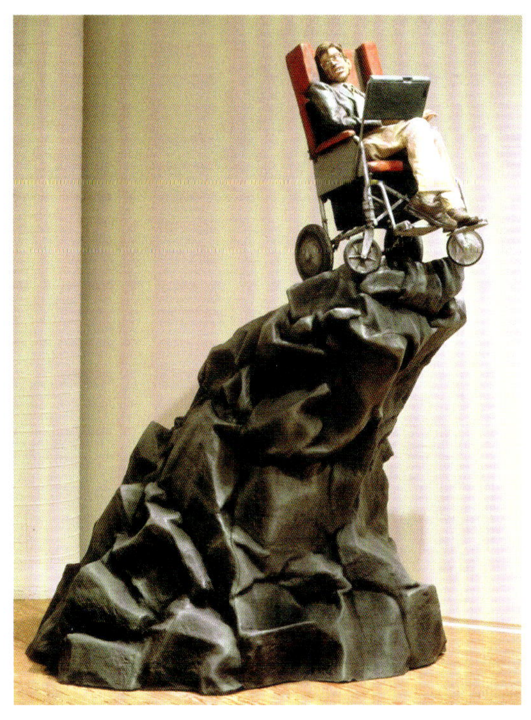

Jake & Dinos Chapman
Ubermensch, 1995
Fibra de vidrio, resina y pintura / Fibreglass, resin and paint
366 x 183 x 183 cm

«blancura», una configuración, una forma. Esto es relevante para comprender qué es lo que hace que el arte de los Chapman funcione. Sus transgresiones son de una clase particular: estratégicas, frías, con conciencia histórica. Sin embargo, ellos también conocen el presente, saben a qué se enfrentan.

Estamos en un momento en que la cultura del arte está guiada por el populismo. Al arte solamente se le pide que tenga el mismo tipo de emoción que dan la televisión, el cine y la publicidad. Y no sólo el público que se ha acercado hace poco al arte contemporáneo tiene estos valores, sino también la élite culta. Un artículo sobre Rauschenberg en el *Times Literary Supplement* (un semanario para intelectuales, que también persigue ser accesible a la mayoría de los lectores) publicado en marzo de 2004 está lleno de literalidad, anacronismo y sensacionalismo: en él se dice que todas las Pinturas Rojas de Rauschenberg de principios de los cincuenta expresan lo que parece estar en una ola de calor; su pintura combinada *Bed*, de 1955, expresa, supuestamente, un asesinato frenético. Un brochazo bien empapado sobre un pájaro disecado sugiere la «liga», una sustancia viscosa que se emplea para cazar pájaros. Ni que decir tiene que estas interpretaciones son grotescamente engañosas. Uno empieza a darse cuenta de que las deformaciones monstruosas nos resultan bastante normales hoy en día.

Los Chapman no rehuyen esta comedia patética en la que el arte asume el papel principal, sino que se unen a ella, trabajan con ella. Hacen arte, preparan exposiciones, se presentan a premios y conceden entrevistas. Tienen un éxito comercial continuo, y viven en continuo malentendido; no obstante, el malentendido ha llegado a ser una suerte de material para ellos: tal vez lo miren con desdén, pero encuentran una utilidad a su desdén.

Kooning agreed. To give greater significance to the act he offered a drawing he'd worked on for a long time. The resulting sheet was displayed in a museum-type mount with a solemn heading: *Erased De Kooning*.

Art historically Rauschenberg stands for a turning point in modernist art, from a phase in which the aesthetic dimension is emphasised to one more open to other levels of meaning. Today we find this distinction a subtle one, since Rauschenberg is a really product of the same culture he is modifying. We feel distanced from that culture. He does something cheeky to Abstract Expressionism but he is also part of the Abstract Expressionist ethos, which saw colour and form as significant in themselves: red didn't have to symbolise anything, it only needed to be shaped and put in a dynamic relationship with other colours. Now we're no longer interested in the aestheticism of the 1950s. If we were we'd see that *Erased De Kooning* is a blank with a few smears but also a whiteness—a shape—a form. This is relevant to understanding what makes the Chapman's art tick. Their transgressions are of a particular kind: strategic, cool, historically aware. But they also know the present, they know what they are up against.

We are in a period when art-culture is driven by populism. Art is only asked to have the same kind of excitement you get in TV and the movies and in ads. It's not only the public recently drawn to contemporary art that has these values, but the cultured elite as well. An article about Rauschenberg in the *Times Literary Supplement* (a journal for intellectuals, which also aims to be generally accessible) published in March 2004, is full of literalism, anachronism and sensationalism: Rauschenberg's early-50s Red Paintings are said to

Entrevista

Robert Rosenblum, el historiador del arte, entrevistó a los Chapman en 1997. Los hermanos acababan de empezar a mostrar una serie de esculturas –que no están representadas en la exposición actual– basadas en maniquíes de niños. A estos «niños» les brotaban de la cabeza múltiples órganos sexuales masculinos y femeninos. Los Chapman hablaron con Rosenblum de los temas de esas obras (transgresión, conmoción, negación, rabietas, lo abstracto y lo ideal contra lo rastrero y lo vil), que se aplican normalmente al conjunto de su obra. Dijeron que estaban interesados en los orígenes de las ideas en general y también en su propia genética como hermanos. Veían las esculturas como «cuerpos obsoletos». ¿Cómo podrían reproducirse unos cuerpos así? Un cuerpo parece estar dando a luz, pero la cabeza del bebé es, en realidad, la del niño progenitor. De hecho, las esculturas no son niños, aunque se tiende a describirlas como si lo fueran. Los Chapman señalan: «Un organismo con órganos reproductores genéticamente maduros no es exactamente un niño, por más aspecto de niño que tenga».

En el mundo de los provocadores populistas, la gente corriente a menudo quiere trazar el límite cuando se llega a la pedofilia, pero ver la sexualidad adulta en un contexto infantil y aborrecerla es una respuesta literal. Va directamente a la cosa representada y la confunde con la cosa real. A veces, la gente se asusta al creer que los pedófilos pudieran sentirse alentados por los Chapman. Julie Burchill, la reina británica de la opinión mediática en lo que a escándalos se refiere, atacó a los hermanos en un periódico de categoría por ensalzar a quienes cometen abusos sexuales. En realidad, los Chapman nunca han hecho arte explícitamente sobre abusos a menores.

express what it's like to be in a heat wave; his combine-painting, *Bed*, from 1955, supposedly expresses frenzied murder; a dripping brush stroke over a stuffed bird suggest 'birdlime'. Needless to say these interpretations are grotesquely misleading. You begin to realise that monstrous distortions are quite normal for us today.

The Chapmans don't recoil from this pathetic comedy in which art takes the lead role, but join in –they work with it. The make art, put on exhibitions, enter competitions and do interviews. They have constant commercial success, they live with constant misunderstanding – but misunderstanding has become a kind of material for them. They might sneer at it but they they find a use for their sneers.

Interview

Robert Rosenblum, the art historian, interviewed the Chapmans in 1997. The brothers had just started to show a series of sculptures –unrepresented in the current exhibition– based on shop window child-mannequins. These 'children' had multiple male and female sex organs sprouting out of their heads. The Chapmans discussed the themes of these works with Rosenblum –transgression, shock, denial, tantrums, the abstract and ideal versus the dragged down and vile– and these themes apply to their work generally. They said they were interested in the origins of ideas in general and also in their own genetic as brothers. They saw the sculptures as 'obsolete bodies'. How could such bodies reproduce? One body seems to be giving birth but the baby's head is actually that of the parenting child. In fact, the sculptures aren't children, even though they tend to be described as if they were. The Chapmans point out, 'An organism with gentically mature reproductive organs isn't exactly a child, however childlike it appears'.

En la entrevista, Rosenblum recorrió las asociaciones que hizo con la obra de los Chapman. Mencionó «traducción instantánea de lo escandaloso», «ciencia ficción», «muñecas», «biología fantástica» y «Toys R Us». «Buena lista» –pensé–: clara y precisa. Antes de leerla, hice una yo mismo, más larga, pero también más vaga: sexo, conmociones, arte, mercado del arte, fama, dibujo laxo, ejecución hipereficiente al mismo nivel que los artistas modernos de los efectos especiales cinematográficos, Goya, surrealismo, *pop*, mutantes posnucleares, ingeniería genética y una corriente particular de fascinación intelectual, altruista y poética con efluvios corporales y el lado inferior de la existencia humana, que tiene a George Bataille como su pensador principal.

Bataille

El mundo de referencias de Bataille (lo interno y lo externo, lo subterráneo, lo extático, lo expiatorio, lo viciado, lo desagradable) proporciona un manual sobre el mundo del arte contemporáneo para saber qué decir del arte de maniquíes –tontos del culo– de lo desagradable, etc. (Llamémoslo simplemente arte de lo desagradable. Es importante que esta clase de arte tenga un componente natural: sin él, uno no lo encontraría desagradable.) No obstante, aunque pueda ser una guía para lo racional, Bataille no proporciona un manual de instrucciones. La razón por la que se hace esta clase de arte remite al populismo, a la clase de populismo que incluye la Tate Modern y el premio Turner, los *YBAs* (Jóvenes Artistas Británicos), Cool Brittania (nuevo mundillo londinense de la moda, la música pop, el diseño, etc.), la escuela de arte Goldsmith, *Blimey*, las páginas de arte de *Time Out*, Owadda, etc.: todo lo nuevo o las renovaciones de sus propias viejas instituciones, actos, actuaciones y chistes que representan el sorprendente éxito social del arte contemporáneo en Gran Bretaña.

In the world of populist shockers ordinary people often want to draw the line when it comes to paedophilia. But seeing adult sexuality in a context of children, and hating that, is a literalist response. It goes straight to the represented thing and mistakes it for the real thing. Sometimes people are frightened paedophiles might be encouraged by the Chapmans. Julie Burchill, the British grand-dame of media-scandalous opinion, attacked the brothers in an upmarket newspaper for glamorising abusers. In fact they've never made any art explicitly about child abuse.

In his interview Rosenblum ran through the associations he made with the Chapman's work. He mentioned 'instant translation of gutter talk', 'science fiction', 'dolls', 'fantasy biology' and 'Toys R Us'. Good list, I thought –clear and precise. Before I read it I made one myself, longer but more vague: sex, shocks, art, the art market, celebrity, loosly

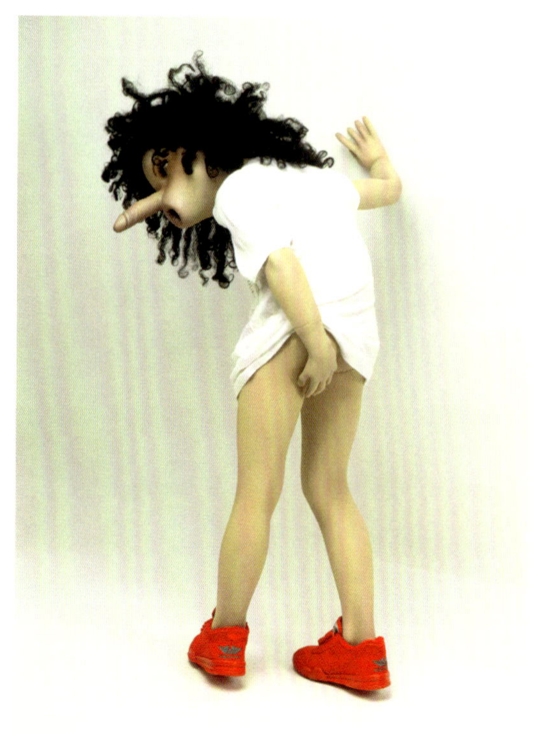

Jake & Dinos Chapman
Fuck Face, 1994
Técnica mixta / Mixed media

Lo desagradable y lo sexual son excitantes. El arte se está haciendo notar al disfrazarse de algo que el público no puede pasar por alto. No es una paradoja imposible que los Chapman quieran atraer la atención y al mismo tiempo desprecien al público.

Malos

En su libro *La littérature et le mal*, Bataille habla de los episodios de frenesí y excitación de Sade hasta el punto de llegar a la demencia antes de que empezasen sus largos periodos de encarcelamiento.

«El frenesí hizo olvidar la conciencia. La conciencia, por otra parte, en su condena angustiosa, negaba y pasaba por alto la trascendencia del frenesí. En la soledad de su encarcelamiento, Sade fue el primer hombre que dio expresión racional a estos deseos incontrolables, en cuya negación la conciencia ha basado la estructura social y la mismísima imagen del hombre».

Es decir, no experimentando realmente estos episodios, sino rememorándolos miraba Sade su contenido con fascinación y claridad inusuales.

Aparte de alguna azotaina sexual, que tuvo como resultado su primer encontronazo con la justicia, poco sadismo practicó Sade en la vida real. Escribió sobre él durante sus dilatadas estancias en la cárcel. Era un racionalista como Rousseau. Rousseau dijo más o menos: «Mira aquí, realmente debo decir la verdad». Rousseau lo hace, pero como es un sentimental, su verdad se ve limitada por su sentimentalismo.

La verdad de Sade es más extremada. Ve una separación entre amor y sexo y quiere explorarla. Clasifica todo aspecto de la noción en el que puede pensar; es la era de los enciclopedistas, de modo que tiene sentido: todo el mundo clasificando racio-

handled drawing, hyper-efficient execution on a level with modern filmic special effects artists, Goya, Surrealism, Pop, post-nuclear mutants, genetic engineering and a particular stream of poetic, high-minded, intellectual fascination with bodily effluvia and the low side of human existence, which has Georges Bataille as its lead thinker.

Bataille

The Bataille world of references: the inner and the outer, the subterranean, the ecstatic, the sacrificed, the debased and the disgusting, provides a handbook for the contemporary art world as to what to say about mannequin-arsehole-disgust-etc-art . (Let's just call it disgust-art. It's important that this kind of art has a naturalistic component –without it, you wouldn't find it disgusting.) But although he may be a guide to the rationale, Bataille doesn't provide a how-to handbook. The reason why this kind of art is made relates to populism, the kind of populism which includes Tate Modern and the Turner Prize, the YBAs, Cool Brittania, Goldsmith's, Blimey, *Time Out's* art pages, Owadda, etc: all the new or reinventions-of-their-old-selves institutions, acts, performances and gags that stand for contemporary art's surprising social success in Britain.

The disgusting and the sexual are exciting. Art is getting noticed by disguising itself as something the public can't ignore. It's not an impossible paradox for the Chapmans to want attention and to despise the public at the same time.

Bad

In his book, *Literature and Evil*, Bataille writes about Sade's episodes of frenzy, and excitement to the point of insanity, before Sade's long periods of imprisonment began.

nalmente la realidad objetiva. La diferencia es que el racionalismo de Sade está dirigido de manera directa contra la devoción. Dice que un misterio no puede ser una explicación, y un mito tampoco.

Los Chapman atraen la atención sobre Goya, permitiendo que se le vea de una forma nueva al rehacer sus grabados. El grabado goyesco *Grande hazaña! Con muertos!* (estampa 39 de *Los desastres de la guerra*) puede verse como racional dentro del arte de lo desagradable de los Chapman en general; su lema sádico: a través de la razón miramos con lúcida fascinación los deseos irracionales e incontrolables, que son los propios.

Buenos

¿Por qué son buenos los Chapman? ¿Ayuda saber algo más de ellos? Son griegos, proceden de Hastings y su padre trabajaba de modelista –creo, aunque veo en otra entrevista que fue profesor de arte y veterinario, y que crecieron en Cheltenham además de en Hastings. Jake es una persona expresiva y de ideas. Dinos tiene una gran capacidad gráfica.

Son buenos en el insulto. Pellizcan, tocan y rehacen, y utilizan su química personal para hacer que todo funcione.

'Frenzy banished consciousness. Consciousness on the other hand, in its agonised condemnation, denied and ignored the significance of frenzy. In the solitude of his prison Sade was the first man to give a rational expression to these uncontrollable desires, on the negation of which consciousness has based the social structure and the very image of man'.

That is, when not actually experiencing these episodes but recalling them Sade looked at their contents with unusual fascination and clarity.

Apart from some sexy whipping, which resulted in his first brush with the law, Sade hardly did much sadism in real life. He wrote about it during immensely lengthy stays in prison. He was a rationalist like Rousseau. Rousseau more or less said, 'Look here, I really must tell the truth!' -Rousseau does that, but because he's a sentimentalist his truth is limited by his sentimentalism.

Sade's truth is more extreme. He sees a separation between sex and love, and he wants to explore it. He catalogues every aspect of the notion he can think of. It's the age of the Encyclopaedists so it makes

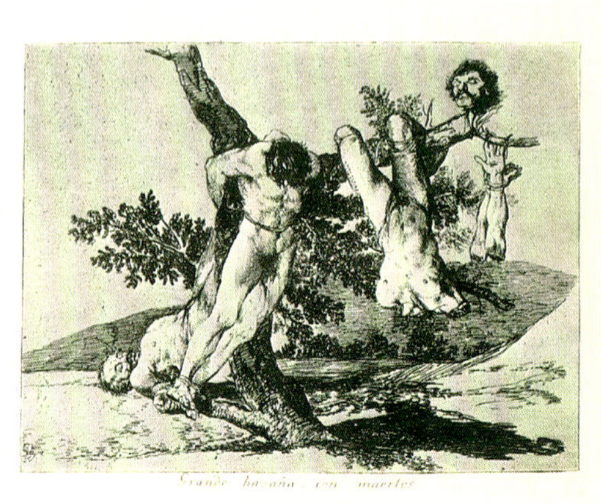

Francisco de Goya y Lucientes
Los desastres de la guerra, 1810-1820
Grande hazaña! Con muertos! (estampa 39)
Grabado / Etching

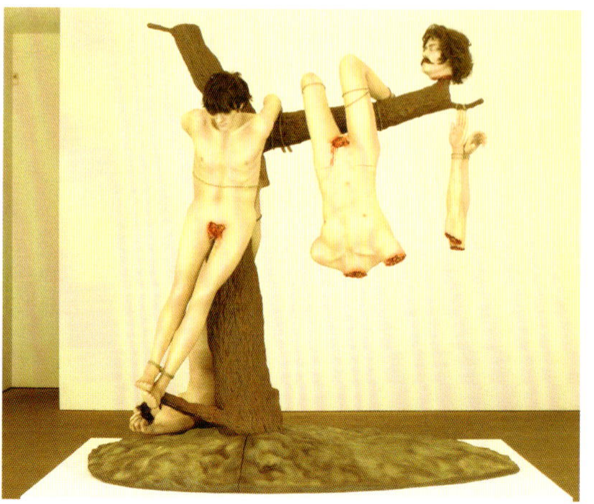

Jake & Dinos Chapman
Great Deeds Against the Dead, 1994
Técnica mixta / Mixed media
277 x 244 x 152,5 cm

En una entrevista con Jennifer Ramkalawon publicada en *Print Quarterly* en 2001, hablan de cómo trabajan juntos. «Nuestras conversaciones sobre la idea para hacer una obra siempre pasan por una especie de proceso filtrador de situaciones de superioridad, por una batalla de egos. Es muy organizado y desorganizado al mismo tiempo. Llegamos a las decisiones con rapidez porque somos capaces de expulsar todas las inquietudes que tiene una persona en la producción de su obra. Con dos personas, uno tiene su propio crítico y también ese otro cuerpo que tiene todo un conjunto de ideas que pueden resultarle a uno muy irritantes, pero que llegan a ser parte del proceso de perfilar la idea principal».

Lo que los distingue es la atención al detalle. Puede decirse que la caravana de *The Rape of Creativity* es suya porque se han ocupado de ella meticulosamente (aunque tenga algunos elementos dudosos, soeces, como la erección bajo la manta). Para su exposición del premio Turner mostraron un conjunto real de grabados de *Los desastres de la guerra* (que compraron por 25.000 libras) cuidadosamente repintados en ciertos lugares: en cada uno de los grabados cambiaron las cabezas de uno o dos frailes, soldados o civiles por caras modernas de dibujos animados. La atención al detalle en esta serie se percibe en la forma cuidadosa, no anárquica, de profanar a Goya. Las caras de Mickey Mouse están colocadas en el marco con miras a crear un agradable equilibrio asimétrico. Nunca podría decirse esto de otro de los grandes artistas contemporáneos de lo desagradable: Paul McCarthy, pongamos por caso, con todo lo divertido que es. Él es más de Hollywood; nunca se pensaría que era un tipo que supiera qué era un Goya. Sin embargo, los Chapman usan sus capacidades en el arte tradicional para los nuevos propósitos nihilistas del arte.

sense: everyone rationally cataloguing objective reality. It's just that Sade's rationalism is directed against piety. He says a mystery can't be an explanation and a myth can't be one either.

The Chapmans draw attention to Goya, enabling him to be seen in a new way, by re-doing his etchings. Goya's *Great Deeds Against the Dead* (Plate 39 from *The Disasters of War*) can be seen as a rationale for the Chapman's disgust-art in general: their Sadean motto: through reason we look with lucid fascination at irrational and uncontrollable desires, which are one's own.

Good

Why are the Chapmans good? Does it help to know more about them? They're Greek, they come from Hastings and their father worked as a model maker I think, although I see in another interview that their father was an art teacher and a vet, and they grew up in Cheltenham as well as Hastings. Jake is an expressive person and an ideas person. Dinos has a high graphic ability.

They're good at being offensive. They tweak and fiddle and re-do, and use each other's electricity to make the whole thing work.

In an interview with Jennifer Ramkalawon published in *Print Quarterly* in 2001, they talk about how they work together. 'Our conversations on an idea for a work of art always go through a kind of one-upmanship filtering process an ego battle. It's very organised but at the same time disorganised. We arrive at decisions quickly because we're able to expel all the anxieties a single person has in the production of their work. With two people you've got your own critic and you also have this other body that has a whole set of ideas, which might be very

Poncio Pilatos

Jake tiene una capacidad intelectual reductora. Subdivide y subdivide, mira, examina, da la vuelta y explora. Confía en el habla y el discurso del arte semiótico, pero eso solamente es, por lo menos, en parte porque se interesó por el mundo de las ideas teóricas, cosa que pocos personajes del arte que tienen éxito hacen de manera genuina. Ninguno de los hermanos huye de lo necio. Una vez decidieron hacer una versión de *Los desastres de la guerra* cambiando las letras del nombre del autor, de modo que fue *The Disasters of yoGa*, (Los desastres del yoGa).

Estimúlame

Cuando Robert Rosenblum preguntó a los Chapman por las conmociones, dijeron que ellos tenían sentido moral, como cualquier otra persona, pero que seguían «interesados en la conmoción, en la convulsión». Luego procedieron a recitar una lista de intereses relacionados con la transgresión y los valores, que conforman la idea de la imperturbable naturaleza de la mente moderna y la tendencia, en un contexto artístico, a recompensar siempre, más tarde o más temprano, con una medalla de oro a la visión más nauseabunda, idiota, desagradable u horrible por su mérito.

Relacionado con esto, creo que se acepta a menudo que la corriente de lo desagradable en el arte en general –sea Marlene Dumas o Mike Kelley (más bien de buen gusto o subversivos con aire de suficiencia)– contiene revelaciones psíquicas o útiles contenidos teóricos; sin embargo, en realidad no es terapia ni para el artista ni para el público. Se trata de estimulación.

A veces, la estimulación parece abstraerse de una forma ligeramente discordante, como si el diagra-

annoying to you –but they become part of the process of sharpening up the main idea'.

The one thing that singles them out is attention to detail. You can tell the caravan in *The Rape of Creativity* is theirs, because it's meticulously attended to (even though it's got some dubious punky elements, like the erection under the blanket). For their Turner Prize exhibition they showed a real set of Goya's *Disasters of War* prints (which they'd bought for £25,000) neatly painted-over in certain spots –in each of the prints they changed the heads of one or two priests, soldiers or civilians to modern cartoon faces. The attention to detail in this series is felt in the careful, non-anarchist way in which Goya is desecrated. The Mickey Mouse faces are placed in the frame with an eye for a nice asymmetrical balance. You could never say that about the other great contemporary disgust-artists: Paul McCarthy, say, amusing as he is. He's more Hollywood –you'd never think here was a guy who knew what a Goya was. But the Chapmans use their abilities in the old-fashioned art for the new art's nihilistic purposes.

Pontius Pilates

Jake has an intellectual cheese-paring ability. He subdivides and subdivides, he looks at, examines, turns over and explores. He's confident in semiotic-art-discourse-speak, but that's at least partly because he's got an interest in the world of theoretical ideas, which few successful art trendies genuinely do. Neither of the brothers runs away from the fatuous. They once decided to do a version of Goya's Disasters of War based on changing the letters of his name around, so it was *The Disasters of yoGa*.

Stimulate me

When Robert Rosenblum asked the Chapmans about shocks they said they had moral feelings, like

ma teórico de lo que ella pudiera ser se superpusiera a algo que de hecho es poco estimulante. A veces es más la estimulación sin el diagrama. A veces, hay un choque de lo pornográfico con lo estético. Nunca se percibe que es un mundo particular de fantasías y emociones –aunque éste sea invariablemente el atractivo al que recurre el director de la galería de arte o su ayudante cuando ven que el suave riego con el surtidor de la teoría no parece surtir el efecto deseado.

Freud

Rosenblum dijo que se interesaba por Picasso cuando Picasso convierte «un cuerpo humano en un amasijo sexual». Veía esto como parte de la «doble imaginería» del surrealismo, que enlaza con Freud. Tras haber invocado a André Breton al usar antes el término «convulsión», los Chapman querían ahora distanciarse del surrealismo. Dijeron que se oponían a su creencia en «representar lo irrepresentable, como si el inconsciente en sí fuera una entidad que admite la representación literal». Ahora bien, también dijeron que seguían religiosamente a Freud. ¿Querían decir que nadie puede escapar de Freud? Para la clase media culta, «Freud» significa que un bolígrafo es un símbolo fálico. Yo supuse que el «Freud» al que siguen los Chapman es la idea de que el inconsciente está lleno de impulsos asesinos.

El arte conceptual y minimalista de los setenta

Rosenblum preguntó si a los Chapman les gustaban otros artistas que hacían maniquíes, Duane Hanson y Charles Ray, por ejemplo. Replicaron que, por el contrario, preferían a Sol Le Witt y Carl Andre. Pensé que esto mostraba su buen gusto. Mostraba que tenían vista para el viejo orden formalista del arte, pero que también tenían capacidad dentro del nuevo orden del conceptualismo.

anyone else, but still they were 'interested in shock –in convulsion'. They then went on to intone a list of interests to do with transgression and value which added up to an idea of the unshockable nature of the modern mind, and the tendency in an art context for the most revolting, idiotic, disgusting or horrible dredged-up sight sooner or later always to be awarded a gold medal for achievement.

Related to this, I think the disgust-stream of art in general, whether it's Marlene Dumas or Mike Killey (rather tasteful or smugly subversive) often is assumed to contain psychic revelations or helpful theory contents. But really it's not therapy either for the artist or for the audience. It's about stimulation.

Sometimes the stimulation appears to be abstracted in a slightly jarring way, as if a theoretical diagram of what stimulation might be is superimposed over something that's actually a bit stimulating. Sometimes it's more the stimulation without the diagram. Sometimes there's a clash of the pornographic and the aesthetic. You never feel it's a private world of fantasies and emotions –even though this is invariably the selling point the head director of the gallery or her assistant will resort to when mild bludgeoning with theory-pomp gassing looks like not doing the trick.

Freud

Rosenblum said he was interested in Picasso when Picasso turns a 'human body into a sexual scramble'. He saw this as part of Surrealism's 'double imagery', which connects to Freud. Having invoked Andre Breton with their use of the term 'convulsion' earlier, the Chapmans now wanted to distance themselves from Surrealism. They said they objected to its belief in 'representing the unrepresentable –as if the unconscious itself is an

Dijeron que les gustaba Le Witt por algo escrito por Rosalind Krauss que habían leído sobre él acerca de su relación con Beckett. Y Andre les gustaba por la resistencia que oponía a que su obra se considerase estética.

En las décadas de los 60 y los 70, minimalistas y conceptualistas a menudo invocaban a Beckett además de a Merleau-Ponty y a Wittgenstein: representaban reducción, fenomenología y orden. El populista neoconceptualismo de nuestros días tiene un tono completamente distinto. Los Chapman son «neos», pero como ya sabemos, están interesados en los orígenes.

Beckett es un héroe del existencialismo de los cincuenta. En *Watt* –del periodo temprano de Beckett, terriblemente hilarante, pedante, durante el cual es más verbal que minimalista–, el héroe tiene un divertido sistema para mover sin sentido piedrecitas hacia delante y hacia atrás entre los dos bolsillos de su chaleco. Esto suena a conceptualismo. Con Watt nunca estamos lejos del manicomio, y el libro finaliza con una escena memorable que implica una multitud de dementes (que casualmente tiene un fuerte sabor a una de las Pinturas Negras de Goya, *La Romería de San Isidro*).

Locura, alienación y existencialismo de la década de los 50 para la vanguardia minimalista y conceptualista neoyorquina de los sesenta y los setenta todo esto encaja con lo que la gran mayoría horrorizada del público de aquellos tiempos solamente podía ver como clínico e inhumano. Este público echaba de menos el sofisticado romanticismo de de Kooning. Pensó: «¡Malditos esos vanguardistas por tumbarle!».

Sin embargo, en su *ethos* original del minimalismo y el conceptualismo de los sesenta y setenta, de Kooning no es un contrario al que haya que aplas-

entity that concedes to literal representation'. But they also said they followed Freud religiously. Did they mean no one can escape from Freud? For the educated middle class 'Freud' means a pen is a phallic symbol. I assumed the 'Freud' the Chapmans follow is the idea that the unconscious is full of murderous impulses.

1970s Conceptual and Minimal art

Rosenblum asked if the Chapmans liked any other artists who did mannequins –Duane Hanson and Charles Ray, for example. They replied instead that they liked Sol Le Witt and Carl Andre. I thought this showed their good taste. It showed they have an eye for the old formalist order of art, but they have an ability within the new order of conceptualism, too. They said they liked Le Witt because of something they read about him by Rosalind Krauss to do with his relationship with Beckett. And Andre because of the fight he puts up against his work being thought of as aesthetic.

In the 60s and 70s, Minimalists and Conceptualists often invoked Beckett, as well as Merleau-Ponty and Wittgenstein –they stand for paring-back, phenomenology and order. The populist Neo Conceptualism of nowadays has a whole different tone. The Chapmans are Neos but as we've learned they're interested in origins.

Beckett is a hero of 1950s existentialism. In *Watt* –from Beckett's early, excruciatingly hilarious, pedantic period, during which he is more verbal than minimal –the hero has a funny system for moving pebbles pointlessly back and forth between two pockets in his overcoat. This sounds like Conceptualism. We're never far from the madhouse with Watt and the book ends with a memorable scene involving crowds of the insane (which

tar. En vez de ello, se rehabilita el aspecto estructural de lo que hace, se le da un nuevo contexto y se reverencia al moral de Kooning más que reírse de él.

En realidad, el pasaje de Rosalind Krauss se refiere al último periodo de Beckett, y los Chapman reaccionaron a él a causa del sentido especial de los orígenes que mencionaron antes en su entrevista: «Los enunciados disfuncionales producen un lenguaje complejo, pero sin la apariencia de comunicación. Eso parece ser significativo para nosotros como hermanos.»

Nueva moda en el pensamiento

En la película de Paul McCarthy, *Painter* (McCarthy finge ser un expresionista abstracto, los coleccionistas de arte huelen extáticamente su mierda, cuando pinta, no puede controlar las manos, son torpes manazas, es un monstruo primitivo, entona «¡De Kooning, De Kooning!»), el tema es el maníaco sexual borracho de Kooning, no el de Kooning moral o el de Kooning estructurado. Desde luego, solamente en los tiempos de *Painter* (la década de los 90) ser borracho y maníaco sexual se percibía como inaceptable en un contexto artístico, y no encajaba perfectamente bien con ser existencial. Y es también por esta época cuando Carl Andre está casi por completo fuera de la escena de moda, pero de manera irónica, en este punto, toda su producción puede apreciarse como maravillosamente estética a la manera de los años cincuenta: el color tan puro y tenue de los metales que utiliza; uno puede tocarlos y se siente firme, desinhibido, agradable.

Horizontes de grandeza

Los Chapman son morales y didácticos. «Por más "gratuita" que pueda parecer nuestra obra –dicen a Rosenblum–, en última instancia, sigue estando al servicio de cierto discurso crítico». Así es como

incidentally has a strong flavour of one of Goya's Black Paintings, the *Pilgrimage of St. Isidore*).

Madness, alienation and 1950s existentialism: for the New York Minimal-Conceptual avant-garde of the 60s and 70s these all fit together with what the apalled wider audience of the time could only see as clinical and inhuman. This audience missed the glamorous romanticism of de Kooning –they thought, 'Damn those avant-gardists for knocking him out!'

But in this original 60s/70s Minimalist/Conceptualist ethos de Kooning is not an opposite that has to be squashed. Instead the structural side of what he does is rehabilitated, given a new context, and the moral de Kooning is revered rather than laughed at.

Actually the Rosalind Krauss quore refers to late-period Beckett and the Chapmans responded to it because of the special sense of origins they mentioned earlier in their interview –'Dysfunctional utterances produce a complex language but without the semblance of communication. That seems to be significant for us as brothers'.

New fashion in thought

In Paul McCarthy's film, *Painter* (McCarthy pretends to be an Abstract Expressionist: art collectors ecstatically sniff his shit; his hands when he paints are mad, clumsy mitts; he is a primitive monster; he intones 'De Kooning! De Kooning!') the drunk sex fiend de Kooning is the subject, not the moral de Kooning or the structured de Kooning. Of course, it's only by the time of *Painter* (the 1990s) that being drunk and sex-fiendish would be felt to be unacceptable in an art context, and not fitting perfectly OK with being existential. And it's also by this time that Carl Andre is almost totally off the fashionable scene, but ironically by this point his

McCarthy y Mike Kelley han exigido siempre que se les vea, pero estos dos son cada vez más bravucones e indulgentes (y estadounidenses), mientras que los Chapman parecen incapaces de resistirse a renunciar a la grandeza, lo que les perjudica en los niveles más altos de poder del mundo del arte, con el resultado de que se sienten inquietos y quieren teorizar todavía más.

Teoría

¿Cómo ayuda la teoría? El arte la necesita. Es inteligencia con una estructura formal y aislada del interés personal y las ventas. Sin embargo, considérese al profesor acostumbrado a enseñar a estudiantes inteligentes que lo ponen en un brete si empieza a contar «paja», frente al profesor acostumbrado a enseñar a tarados cuyos quebrantados espíritus les impiden cuestionar nada de lo que dice y que aprenden, en vez de ello, a imitar la «paja», y siempre la sueltan ellos mismos. En el mundo del arte de hoy día, tenemos el segundo, pero es al primero a quien queremos.

Afrodita en el abrevadero

Hay un torrente de asociaciones en la intrincada instalación de los Chapman *The Rape of Creativity* que uno siente que se ha probado, alterado, afinado y vuelto a probar laboriosamente; cada eco, cada reflexión

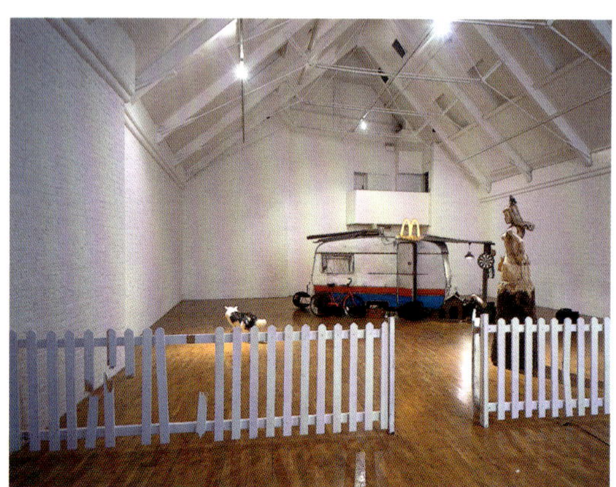

Jake & Dinos Chapman
Rape of Creativity
Instalación / Installation Modern Art Oxford, 2003

whole output can be appreciated as beautifully aesthetic in a 1950s way: the lovely rich muted colour of the metals he uses –you can touch them, you feel grounded, earthy, nice.

Allure of grand

The Chapmans are moral and didactic. 'However "gratuitous" our work might appear', they tell Rosenblum, 'It is still, in the final instance, in service to a certain critical discourse'. This is how McCarthy and Mike Kelley always demand to be seen. But these two become ever more blusterous and indulgent (and American) while the Chapmans seem unable to resist renouncing grandness, which counts against them at the highest art-world power levels, with the result that they feel agitated and want to theorise even more.

Theory

How does theory help? Art needs it. It is intellgence given a formal structure and isolated from self-interest and selling. But consider the didact used to teaching clever students who challenge him if he talks flannel, versus the didact used to teaching dimwits whose crushed souls make it impossible for them to challenge anything and who learn instead to imitate flannel, and always try and talk it themselves –in the art world today we've got the second but the first is the one we want.

Aphrodite at the watering hole

There's a stream of association in the Chapman's rambling installation, *The Rape of Creativity*, that one feels has been laboriously tested, altered, honed and re-tested, every echo and reflection set up just right, even though the meanings are too fleeting and funny to seem worth honing. It's a triumph of art because you can't think what else it could be a triumph of.

son perfectos, aunque los significados sean demasiado fugaces y divertidos para parecer dignos de afinarse. Es un triunfo del arte porque no puede pensarse que pueda ser un triunfo de otra cosa.

La figura de madera de una mujer desnuda parece representar la naturaleza y las antiguas fuerzas primigenias. Una caravana moderna está en un entorno aislado. Cerca, miran en grupo gigantescos rostros risueños. Hay descuartizamiento, pornografía y mal olor y una atmósfera de adolescentes masculinos enconados. Una M de McDonalds se mueve levemente, como si latiera, en el techo de la caravana.

Los Chapman a menudo iban a comer a McDonalds, puesto que tenían uno justo al lado de su estudio. Sabían que era malo aunque era delicioso. Han hecho varias obras sobre el denostado antro del *fast food*. Recientemente, han tallado muchos fetiches de vudú africanos, que inspeccionados más de cerca, resultan ser fetiches de McDonalds. Otra obra sobre McDonalds de esta exposición es *Rhizome*, del año 2000, una pequeña maqueta de un McDonalds cubierto por completo de vegetación trepadora, como si fuera el fin de la civilización. McDonalds representa la mala globalización. Todo el que quiera que lo consideren inteligente en el mundo del arte de hoy debe saber lo que significa "rizoma". ¿Qué conforma todo esto? ¿Es la globalización realmente mala? ¿Querrán Deleuze y Guattari salvarnos de la extinción?

No puede entrarse en la caravana en *The Rape of Creativity*, pero puede mirarse el interior a través de la puerta y las ventanas y ver las tradicionales herramientas del escultor, el inacabado torso femenino en arcilla y los torsos que van de una pared a otra arrancados de revistas «porno». Y el catálogo de Georg Baselitz. Baselitz es un pintor y escultor neo-

A wooden figure of a naked woman appears to represent Nature and ancient primordial forces. A modern caravan stands in a secluded setting. Nearby, giant corporate smiley faces look on. There is dismemberment, porn and smelliness, and an atmosphere of festering male teenagers. A McDonalds M faintly pulses on the roof of the caravan.

The Chapmans often used to go for a McDonalds for lunch, since they could get one just near their studio. They knew it was bad even though it was delicious. They've done several works featuring the despised fast food joint. Recently they carved a lot of African voodoo fetishes, which on closer inspection turned out to be McDonalds fetishes. Another McDonalds work in the present show is *Rhizome*, from 2000, a little model of a McDonalds entirely overgrown by creeping vegetation, as if it's the end of civilization. McDonalds stans for bad globalisation. Anyone who wants to thought of as clever in the art world today must know what 'rhizome' means. What does it all add up to? Is globalisation really bad? Will Deleuze and Guattari save us from extinction?

You can't enter the caravan in *The Rape of Creativity*, but you can look through the door and windows to the lighted interior, and see the traditional sculptor's tools, the unfinished female torso in clay, and the wall-to-wall torsos torn from porn magazines. And the Georg Baselitz catalogue –Baselitz is a German Neo Expressionist painter and sculptor who first made an international impact at the Venice Biennale in 1980, with a primitive figure hacked out of a tree trunk with a chainsaw, giving a Hitler salute. It was the start of a pan-European wave of new art, which immediately spread to the US, and was supposed to be based on a return of raw emotion following the emotional blankness of US Minimalism and

expresionista alemán que atrajo la atención internacional por primera vez en la Bienal de Venecia de 1980 con una figura primitiva (desprendida del tronco de un árbol con una sierra de cadena) que saluda a lo Hitler. Fue el comienzo de la ola paneuropea del nuevo arte, que inmediatamente se extendió a Estados Unidos y que se suponía que se basaba en un retorno a la emoción pura que seguía a la vacuidad emocional del minimalismo y conceptualismo estadounidenses. Sin embargo, pronto se vio tumbada por un nuevo e irónico regreso del conceptualismo: la primera ola «neo geo», liderada por Jeff Koons, que se suponía que era una crítica al fetichismo-mercancía, y luego la ola de jóvenes artistas británicos liderada por Damien Hirst, que se suponía que era diversión populista.

Así pues, a este escenario, que pudiera tener su origen en alguna experiencia vital de los Chapman (tal vez asocien las herramientas del escultor con las clases de arte de su padre), pero que ahora se ha abierto a la experiencia de cada uno, llega Baselitz –el corta primitivos tótems y hítleres. Alguien dormido sueña con cortar mujeres– mientras que fuera, en la oscuridad, un mutante híbrido entre perro y oveja trae una mano humana ensangrentada para su

Conceptualism. But it was soon knocked out by a new ironic return of Conceptualism: first the Neo Geo wave led by Jeff Koons, which was supposed to be a critique of commodity fetishism, and then the young-British-artists wave led by Damien Hirst, which was supposed to be populist fun.

So in this scenario, which might have its origin in some life-experience of the Chapmans (maybe they associate the sculptor's tools with their father's art-teaching classes) but now has been opened out to anyone's experience, along comes Baselitz – he hacks out primitive totems and Hitlers. Someone asleep dreams of hacking up women – while outside in the dark a mutant hybrid dog/sheep fetches for its master a bloody human hand. Aphrodite, goddess of love, looks on. How many days has the murderer-artist been festering here? Time is measured out in a radiating pattern of dog turds.

Uninfluenced by Goya

The Chapmans keep redoing Goya's *Disasters of War*. The impact of the 3D toy-sized version is in the incongruity between titanic greatness and amateur model making – model making has no aesthetiuc dignity. With the human-sized version of the single

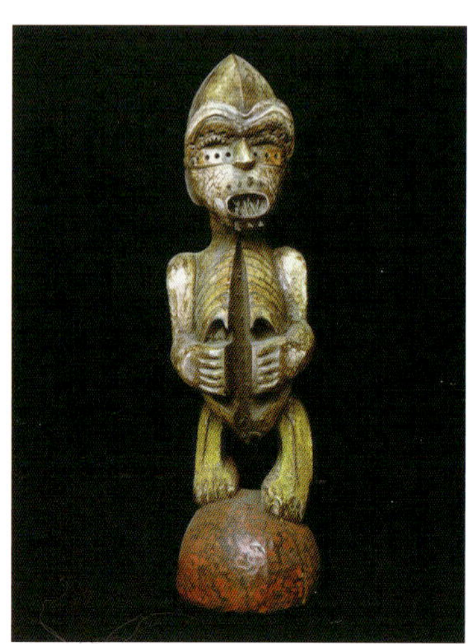

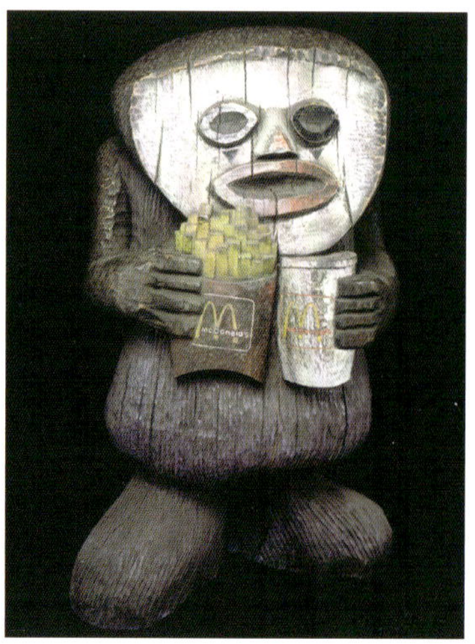

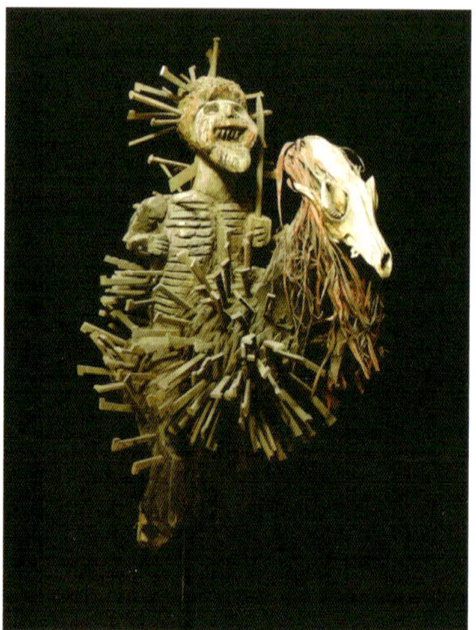

Jake & Dinos Chapman
Works from The Chapman Family Collection

CFC79870766, 2002
Madera, pintura y técnica mixta / Wood, paint and mixed media
80 x 22 x 20 cm

CFC76311561, 2002
Madera y pintura / Wood and paint
92 x 58 x 49 cm

CFC73366411, 2002
Madera, pintura y técnica mixta / Wood, paint and mixed media
52 x 25 x 35 cm

amo. Afrodita, diosa del amor, mira. ¿Cuántos días ha estado enconándose el artista-asesino aquí? El tiempo se mide en una distribución radiante de zurullos de perro.

No influidos por Goya

Los Chapman siguen rehaciendo *Los desastres de la guerra*. El impacto de la versión en 3D en miniatura está en la incongruencia entre la grandeza titánica y el modelismo aficionado –el modelismo no tiene dignidad estética. Con la versión en tamaño natural del grabado *Grande hazaña! Con muertos!*, producida al año siguiente, las pelucas de nailon y los bigotes de los tres cadáveres mutilados parecen exagerados y las obvias costuras y junturas de los maniquíes son como una broma de la idea intelectual del efecto alienante en el arte.

De hecho, el gran logro de todas las tomas de Goya de los Chapman es la manera como Goya está inevitablemente presente, pero nunca podría uno decir que los Chapman están «inspirados» o «influidos» por él. Es otra cosa, algo moderno e inteligente: y la indefinible calidad de la relación la siguen manteniendo chiste tras chiste o tropo o lo que quiera que sea.

La habilidad de Goya, su manera protomoderna de generalizar, simplificar, embadurnar y su vaguedad y el hallar precisión en la vaguedad es diferente de la habilidad utilizada en la fabricación del cuerpo de látex para las escenas de tortura en *La Pasión de Cristo*, de Mel Gibson. Los Chapman poseen sensibilidad en sintonía con lo primero, pero es lo último lo que es realmente su terreno, el terreno en el que son maestros. Pueden ser juguetones dentro de él. Hacen que este nivel de habilidad resuene no porque tengan un dial especial de habilidad que llegue hasta el extremo, sino por sus ideas: esa es su mayor maestría.

etching, *Great Deeds Againsat the Dead*, produced the following year, the nylon wigs and moustaches of the three mutilated corpses seem camp, and the obvious seams and joins of the mannequins are like a joke on an intellectual idea of the alienation-effect in art.

In fact the great achievement of all the Chapmans' takes on Goya is the way Goya is unavoidably present but you could never say the Chapmans are 'inspired' or 'influenced' by him. It's something else, something modern and clever: and the indefinable quality of the relationship is kept going by them in gag after gag, or trope or whatever.

Goya's skill, his proto-modernist generalising, simplifying, smearing and vagueness, and finding precision in vagueness, is different to the skill used in making the latex body suit for the torture scenes in Mel Gibson's *The Passion of the Christ*. The Chapmans do possess sensibilities tuned in to the former but it's the latter that's really their area, the area in which they are masters. They can be playful within it. They make this level of skill resonant not by having a special skill dial that turns up to 11 but by their ideas –that's their higher mastery.

Skill

Goya is like modernism because he is direct, stripped down, pared back, with no false pomp; but at the same time he is non-modernist in not seeming to be particularly progressive or on the side of a modern idea of right-mindedness –we can't easily say if he is liberal or conservative, intellectual or not, for royalty or against them, inward looking in a socially responsible way or just sadistically experimental. This obscurity is exciting now.

The Chapmans are in a new tradition of horror scenes where the horror in movies is compelling, not

Habilidad

Goya es como lo contemporáneo porque es directo, reductor, va al descubierto, sin falsa pompa, pero al mismo tiempo no es contemporáneo al no parecer particularmente progresista o del lado de la idea moderna de sensatez –no podemos decir con facilidad si es liberal o conservador, intelectual o no, si está a favor de la realeza o contra ella, encerrado en sí mismo de una manera responsable o si simplemente experimenta de manera sádica. Esta oscuridad es excitante ahora.

Los Chapman están en la nueva tradición de escenas de terror donde el terror en el cine es convincente, no en la que el terror en Ovidio o la Biblia se hace estético. Su estética particular es distinta de la de El Bosco o Breugel y nada tiene que ver con las pinturas de Géricault de miembros descuartizados –o, por lo menos, es «como» todo ello de un modo tan superficial que mencionarlo no proyecta luz alguna.

O-*levels*

Hace pocos años, los Chapman decidieron sacarse los O-*levels*. Se trata de unos exámenes generales que todos los británicos de 16 años deben hacer en los institutos: si por alguna razón alguien no se examina en su día, puede presentarse por su cuenta más tarde. Abarcan todas las asignaturas, pero los hermanos solamente se examinaron de «arte». Mostraron los resultados en una exposición que elevó el espectro del mundo real más allá del mundo del arte contemporáneo profesional. De alguna manera fue conmovedor. Se trataba de la habitual idea tosca de lo que son el arte y la creatividad, de cómo se valoran. Los dibujos parecían encogidos, infantiles, obra de aficionados, violentos, obsesivos y divertidos. Las instrucciones de los exámenes se exhibieron en la exposición, y podía verse cómo las habían seguido los hermanos. Puesto que no se jugaban gran cosa, podían ser sinceros. No se les pedía

one in which the horror in Ovid or the Bible is made aesthetic. Their particular aesthetic is unlike Bosch or Breugel, and nothing like Géricault's paintings of dismembered limbs –or at least it's only 'like' all those in a way that's so superficial it doesn't cast any light on anything to mention them.

O-levels

A few years ago the Chapmans applied to do their O-levels. These are general exams that all sixteen-year olds in Britain must take at school: if you missed them for some reason you can take them privately later, if you want. They cover all the subjects but the brothers only did 'art'. They showed the results in an exhibition. It raised the spectre of the real world beyond the professional contemporary art world. In a way it was moving. It was about the ordinary uneducated idea of what art and creativity are –how these are valued. The drawings looked cramped, adolescent, amateurish, violent, obsessive and funny. The briefs of the examination papers were made clear in the display, and you could see how the brothers had followed

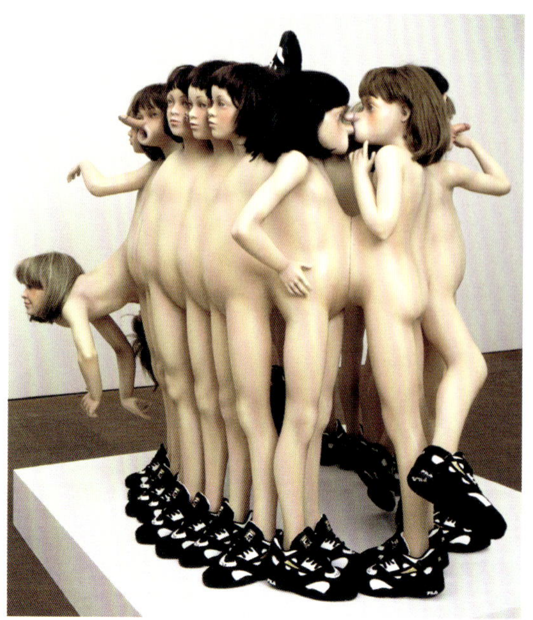

Jake & Dinos Chapman
Zygotic acceleration, Biogenetic de-sublimated libidinal model (enlarged x 1000), 1995
Técnica mixta / Mixed media
150 x 180 x 140 cm

que fueran agudos, sino mediocres. Era natural que las obras incluyesen reproducciones de arte esforzadas, pero sin inspiración, de jóvenes artistas británicos incluidas en la exposición *Sensation*. Ambos aprobaron el examen, pero no con notas brillantes.

Chicas que se enfadan

Los grabados de los Chapman *Disasters of War* de 1999-2001, en los que no se ven las formas de Goya, sino una clase de puesta en escena repetitiva, cuidada, de un espectáculo de terror generalizado de adolescentes masculinos, están llenos de encanto gráfico. La línea, los toques de color, la conciencia del espacio, el equilibrio entre vacío y objetos, todo tiene la misma energía tan natural y agradable como los chistes bobos escritos a última hora: *Ballisticky* e *Intercuntinental missile* del n.° 23 y *Look, 36 penises, 16 vaginas, 6 anuses: it must be a girl!*, del n.° 62.

Las «chicas» representadas en el n.° 62 se basan en el ciclo de esculturas de maniquíes de niños con órganos sexuales mostrado en *Sensation* en 1997, dentro de un espacio separado con un aviso de orientación para los padres fijado por la Royal Academy. Las calaveras agrupadas del n.° 23 son bonitas. Los tres colores principales de las calaveras, verde, amarillo y rojo, se mantienen separados hábilmente, como la separación de los colores de los estados en las pinturas de mapas de Jasper Johns. En el ámbito del significado es arbitrario, pero en el de la decoración es muy sofisticado.

Y es divertido pensar en la cuidadosa enumeración del n.° 62 de la cantidad exacta de anos en conexión con Bataille, que fue expulsado del surrealismo por Breton en 1929 porque se quejaba de que el movimiento surrealista (que contaba con 76 miembros en aquella época) contenía «demasiados tontos del culo idealistas».

them. Since little was at stake they could be sincere. They weren't being asked to be cutting edge but to be ordinary. It was only natural that the works should include effortful but uninspired copies of art by young British arrists included in the *'Sensation'* exhibition. The both passed the exam, but only at secoind class levels.

Girls going 'Grrr'

The Chapmans Disasters of War etchings of 1999-2001, where you're not seeing Goya's forms but a kind of careful repetitious staging of a generalised male adolescent horror show, is full of graphic charm. The line, the colour touches, the awareness of space, the balance between emptiness and objects, all have the same high effortless pleasing energy as the daft after-thought written-out gags: 'Ballisticky' and 'Intercuntinental missile' from No. 23, and 'Look, 36 penises, 16 vaginas, 6 anuses: It must be a girl!' from No. 62.

The 'girls' pictured in No.62 are based on the Chapmans circle of sex-organ children-mannequin sculptures shown in *'Sensation'* in 1997, within a separated-off space, with a parental guidance warning posted by the Royal Academy. The massed skulls in No.23 are nice. The three main skull-colours, green, yellow and red, are skillfully kept separate, like the separation of state-colours in Jasper Johns' Map paintings. On a meaning level it's arbitrary but on a decorative level it's very sophisticated.

And it's funny to think of No. 62's careful enumeration of the exact number of anuses in connection with Bataille, who was excommunicated from the Surrealists by Breton in 1929 because Bataille complained that the Surrealist movement (which had 76 members at the time) contained 'too many idealist arseholes'.

Injury to Insult to Injury, 2004
Francisco de Goya "Los desastres de la guerra"
Serie de 80 grabados trabajados y mejorados
37 x 47 cm c/u
Cortesía los artistas y Jay Jopling / White Cube (Londres)

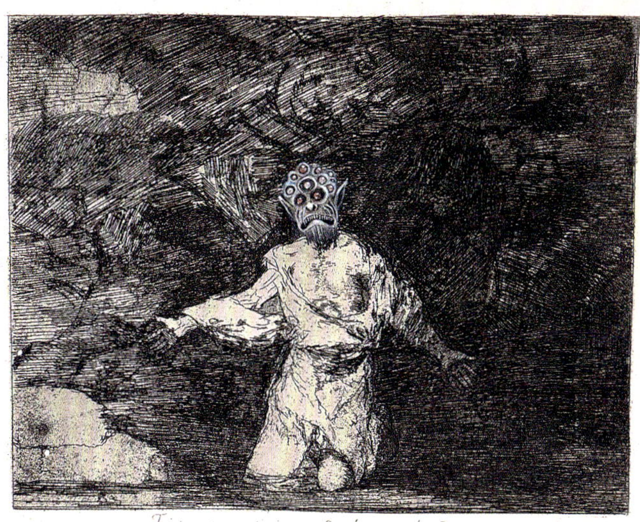

Tristes presentimientos de lo que ha de acontecer.

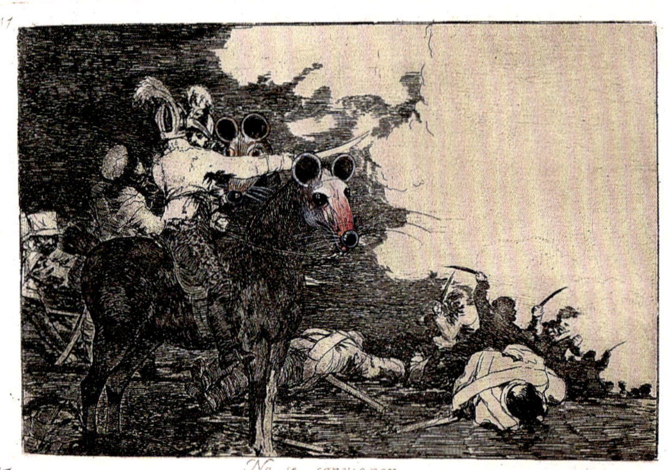

17

No se convienen.

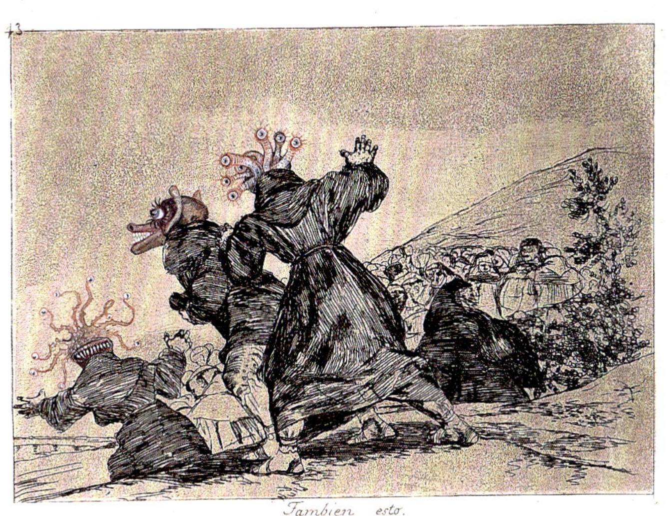

Tambien esto.

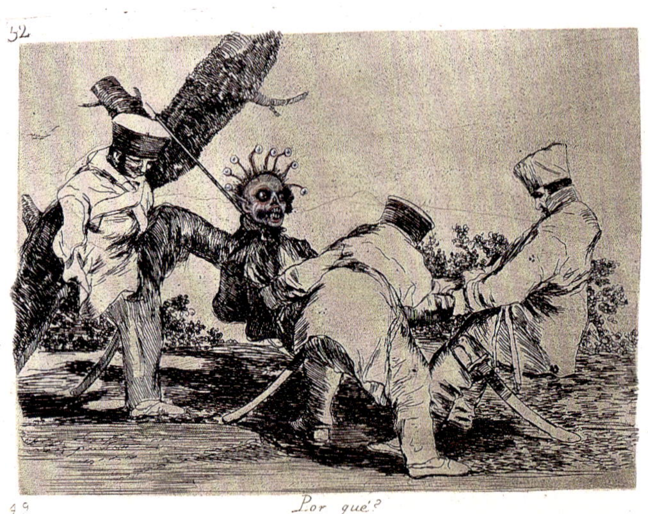

49

Por qué?

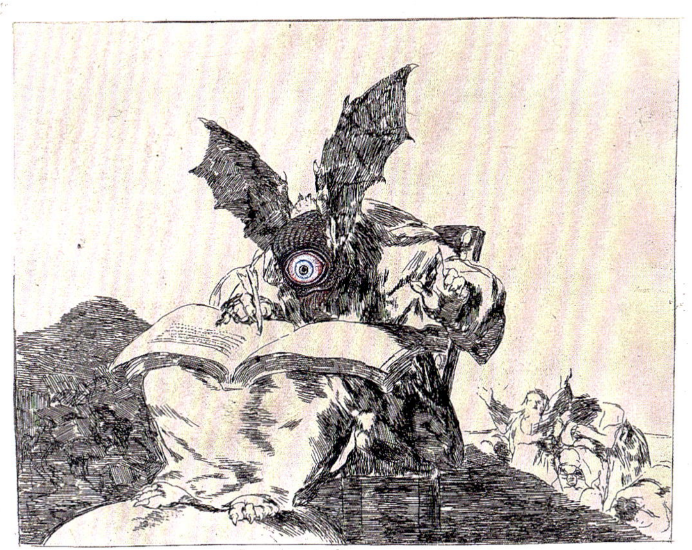

Contra el bien general.

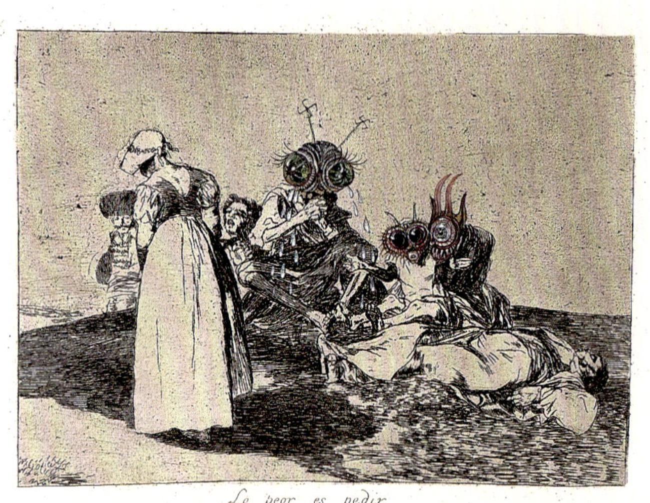

Lo peor es pedir

70

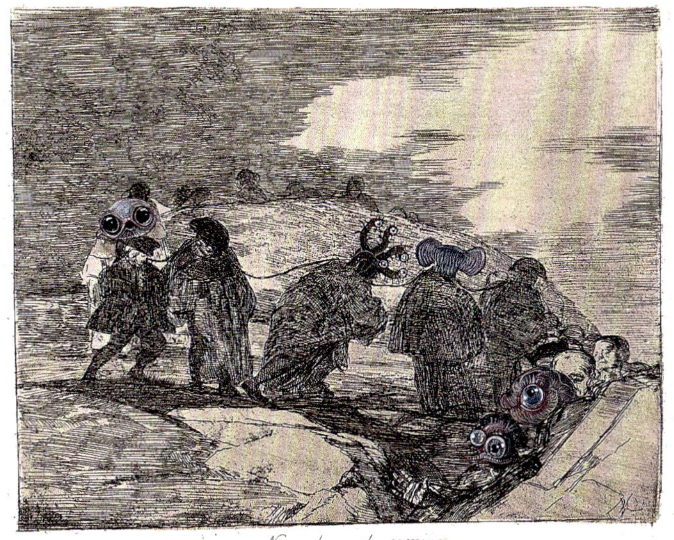

No saben el camino.

51

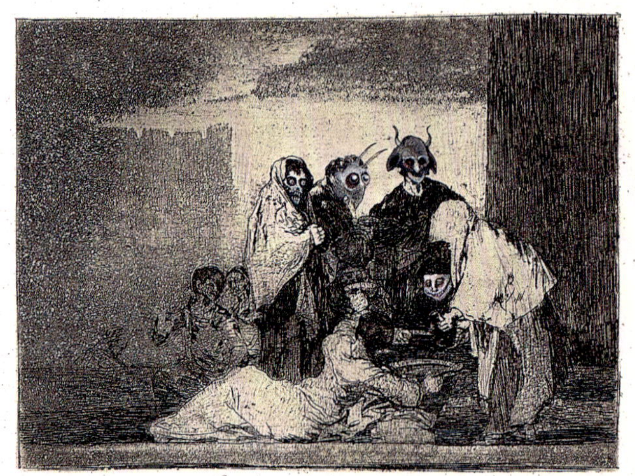

46

Gracias á la almorta.

48

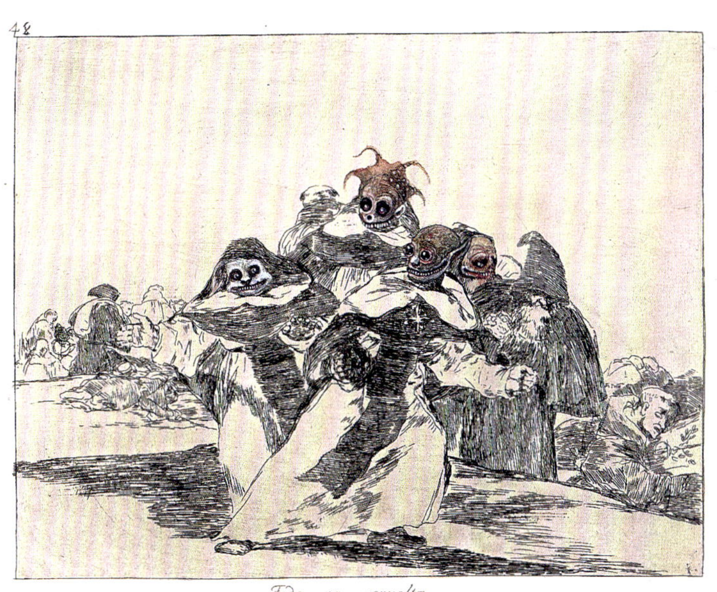

Todo va revuelto.

Sex I, 2003
Bronce pintado
246 x 244 x 125 cm
Cortesía Colección Olbricht, Alemania

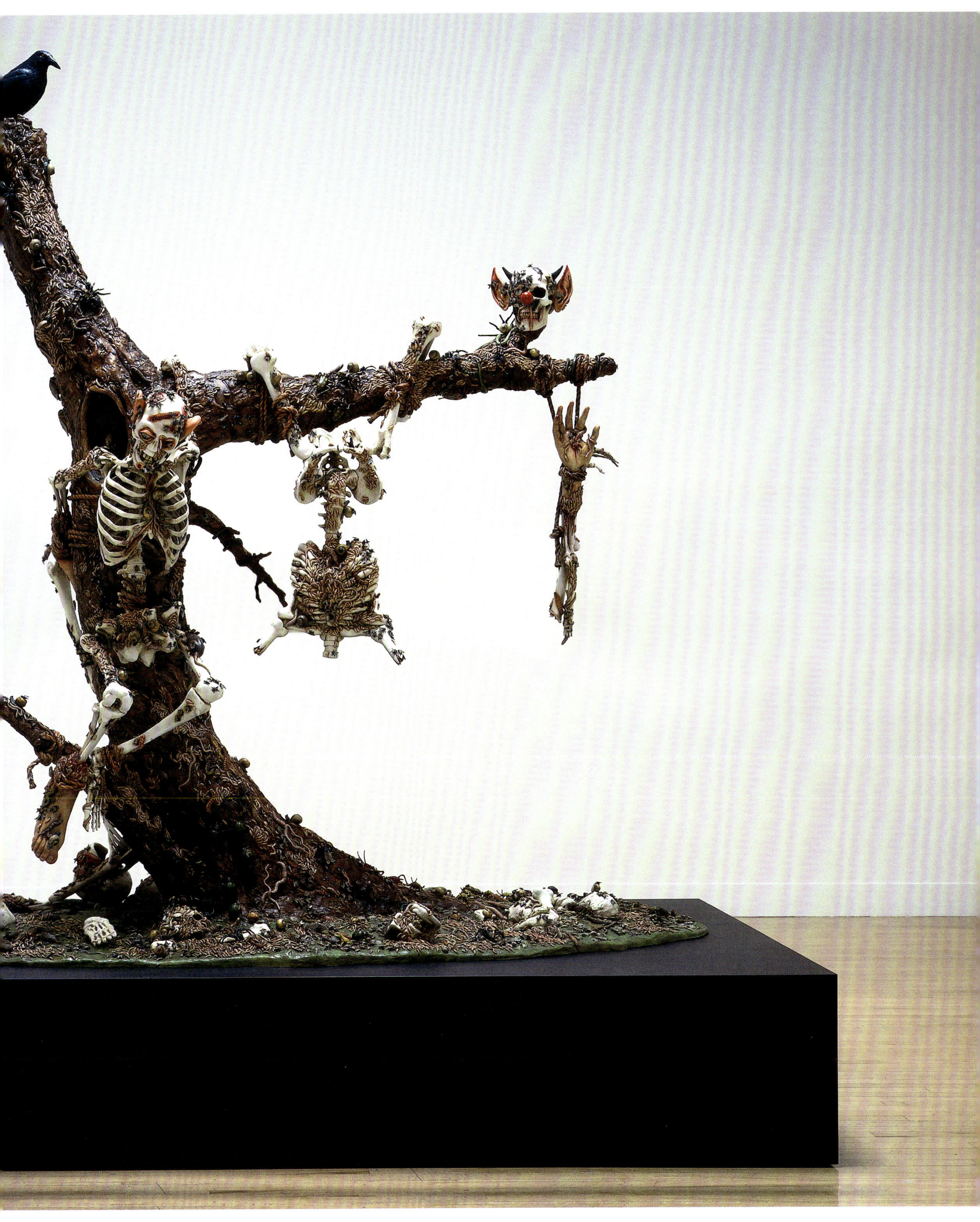

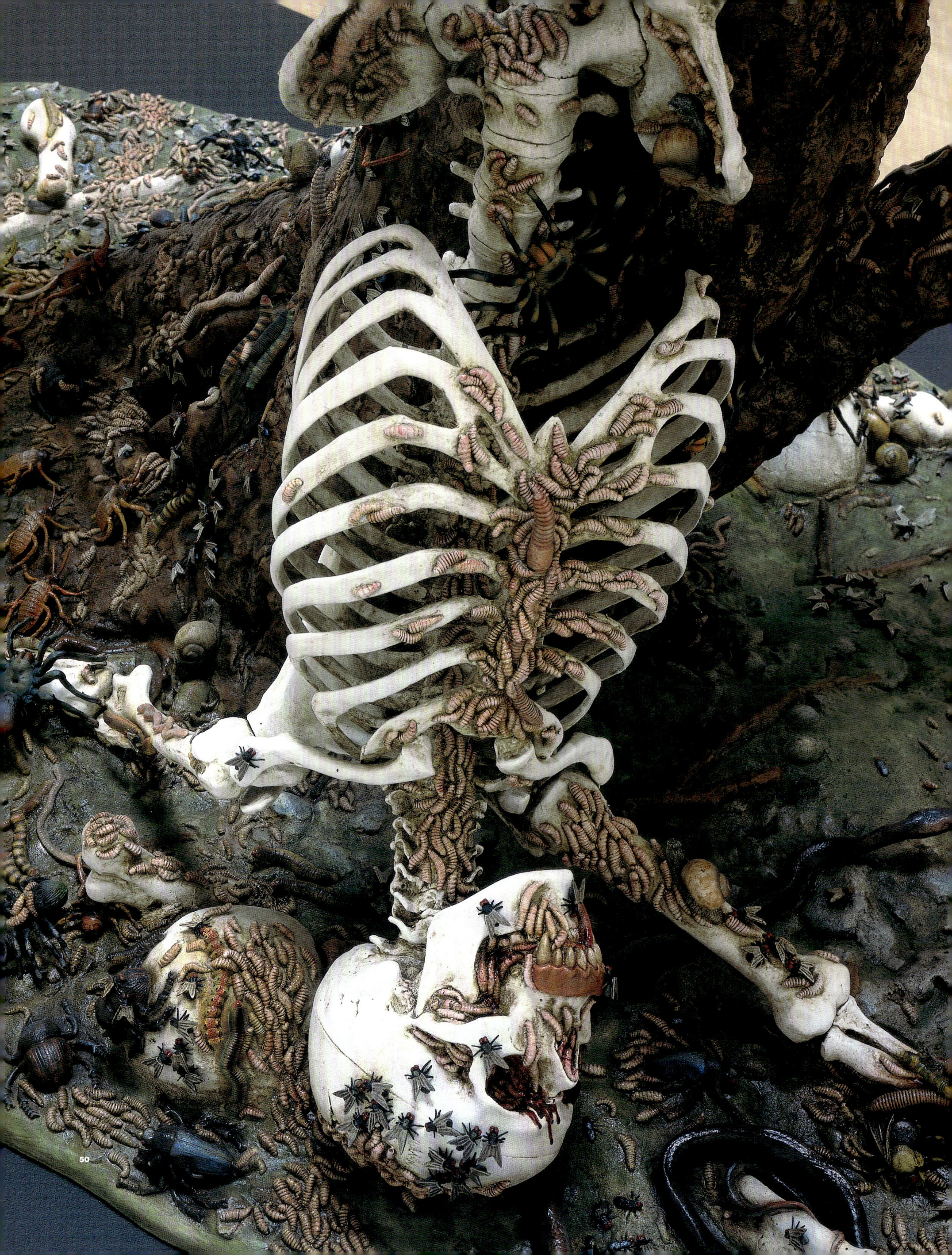

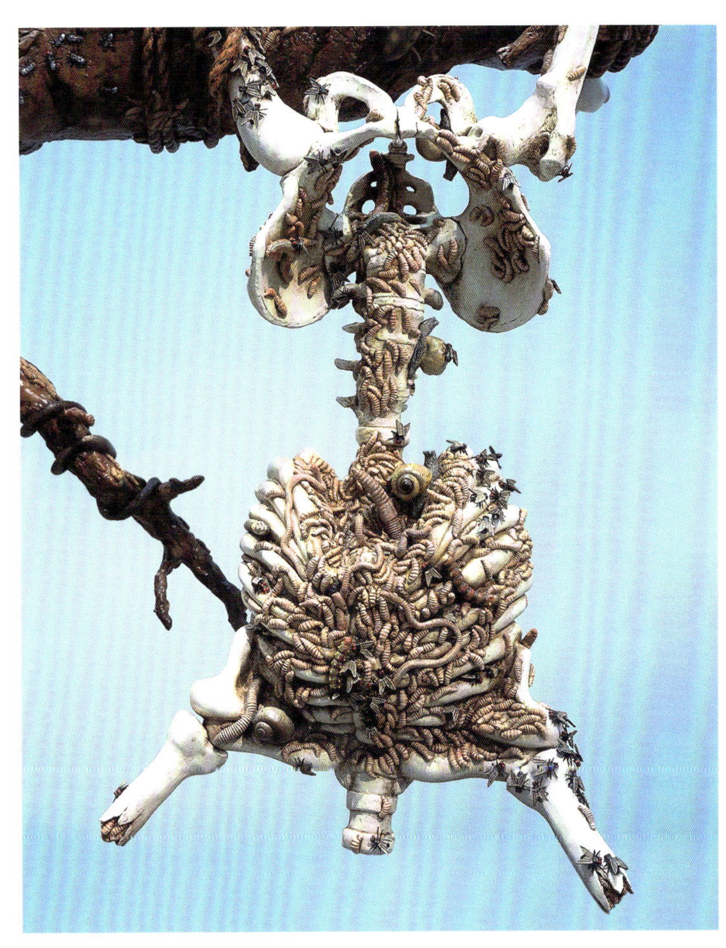

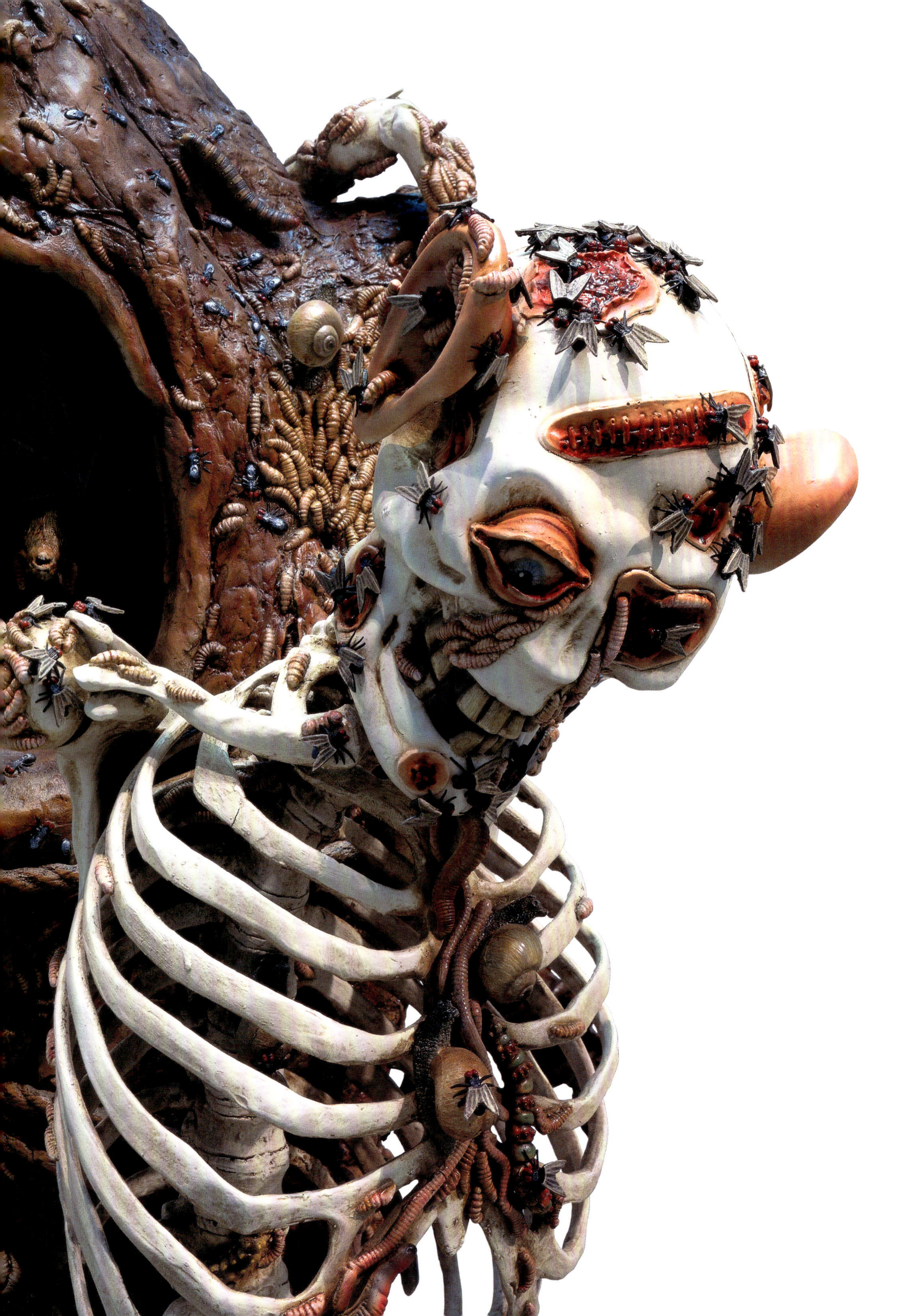

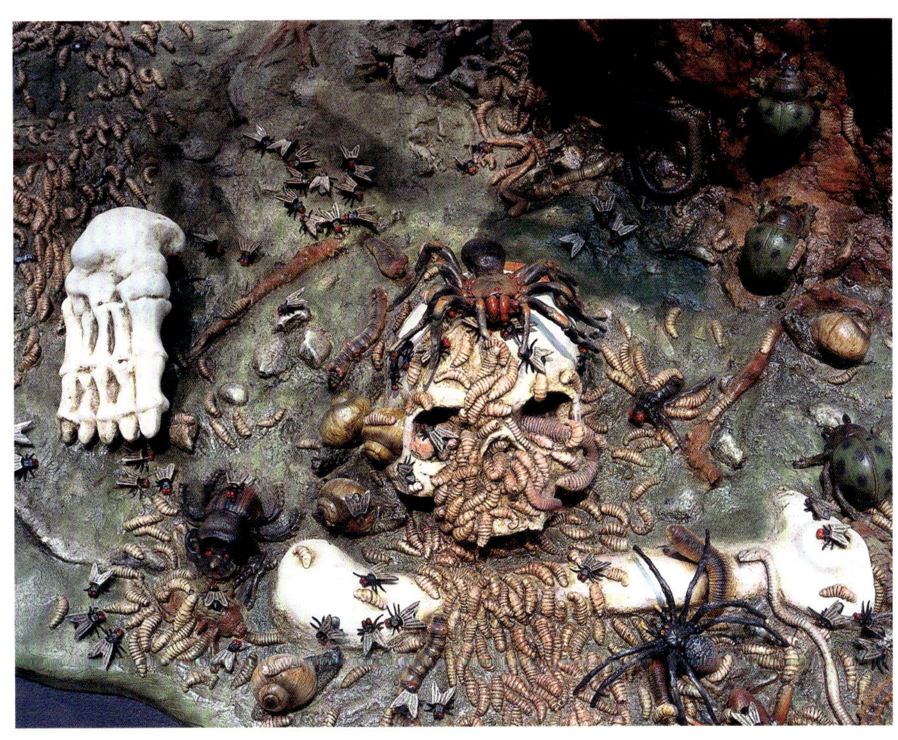

Death I, 2003
Bronce pintado
73 x 218 x 95 cm
Cortesía Colección Olbricht, Alemania

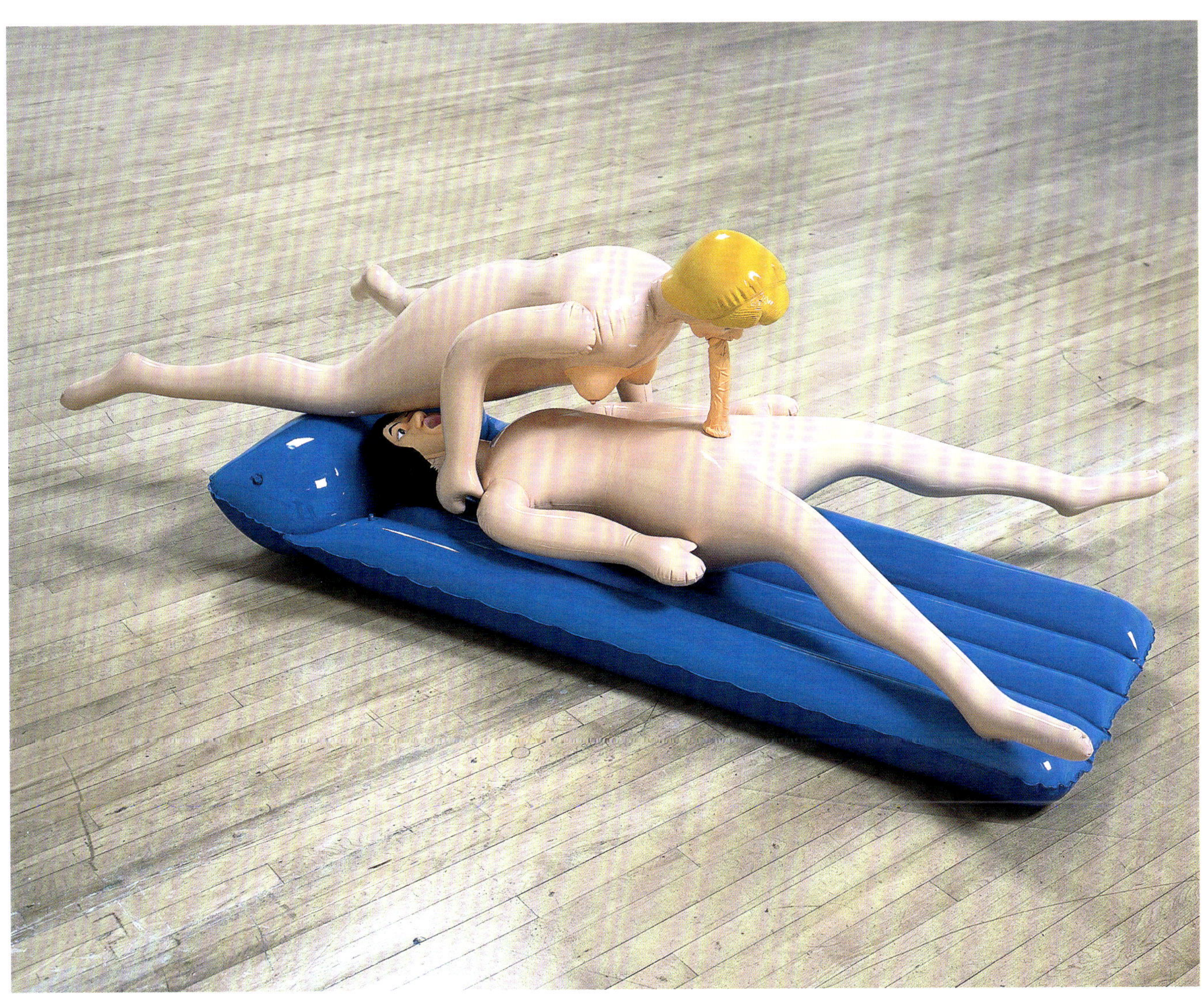

Rape of Creativity, 2003-2004
Técnica mixta
Dimensiones variables
Cortesía los artistas y Jay Jopling / White Cube (Londres)

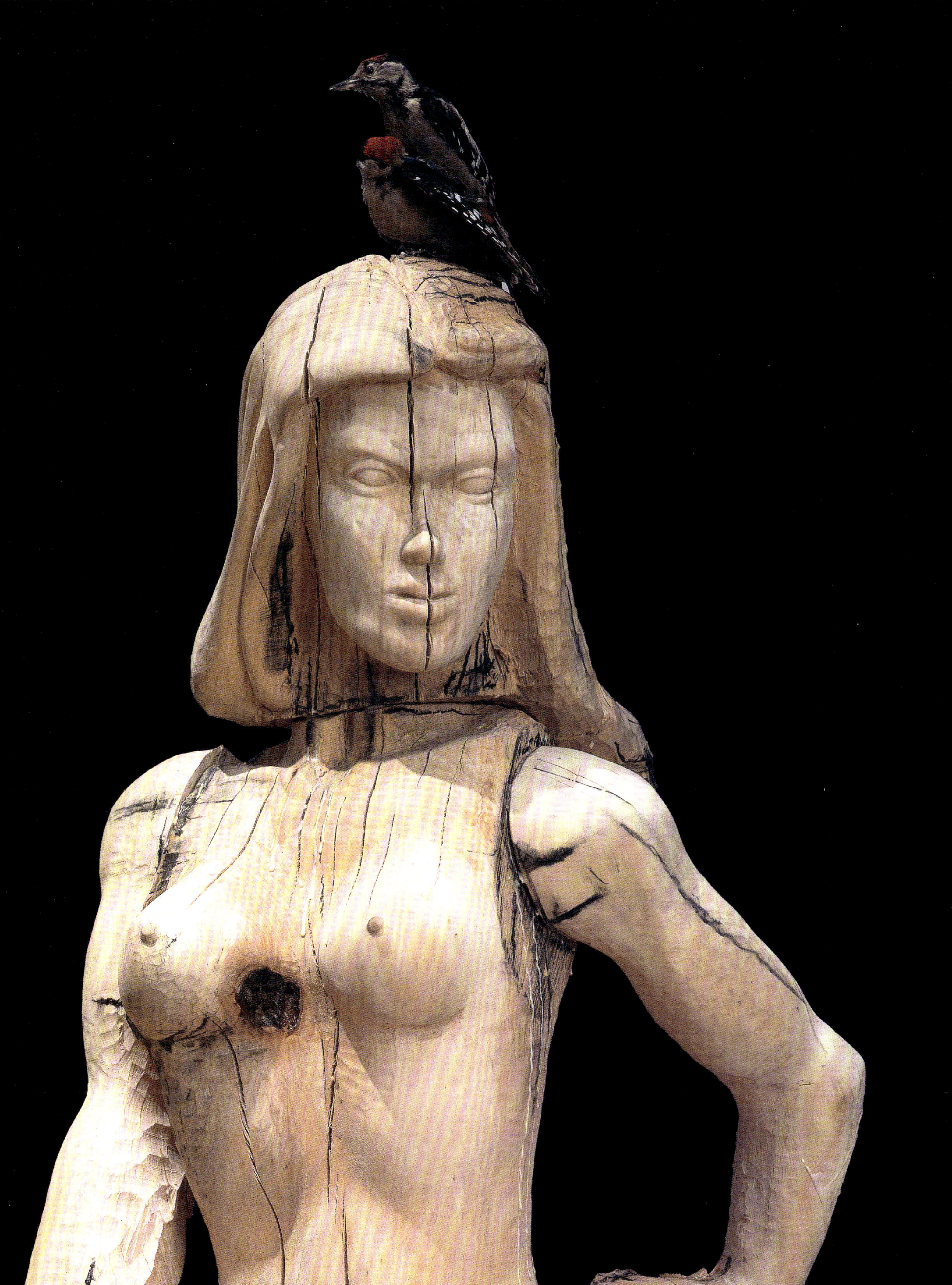

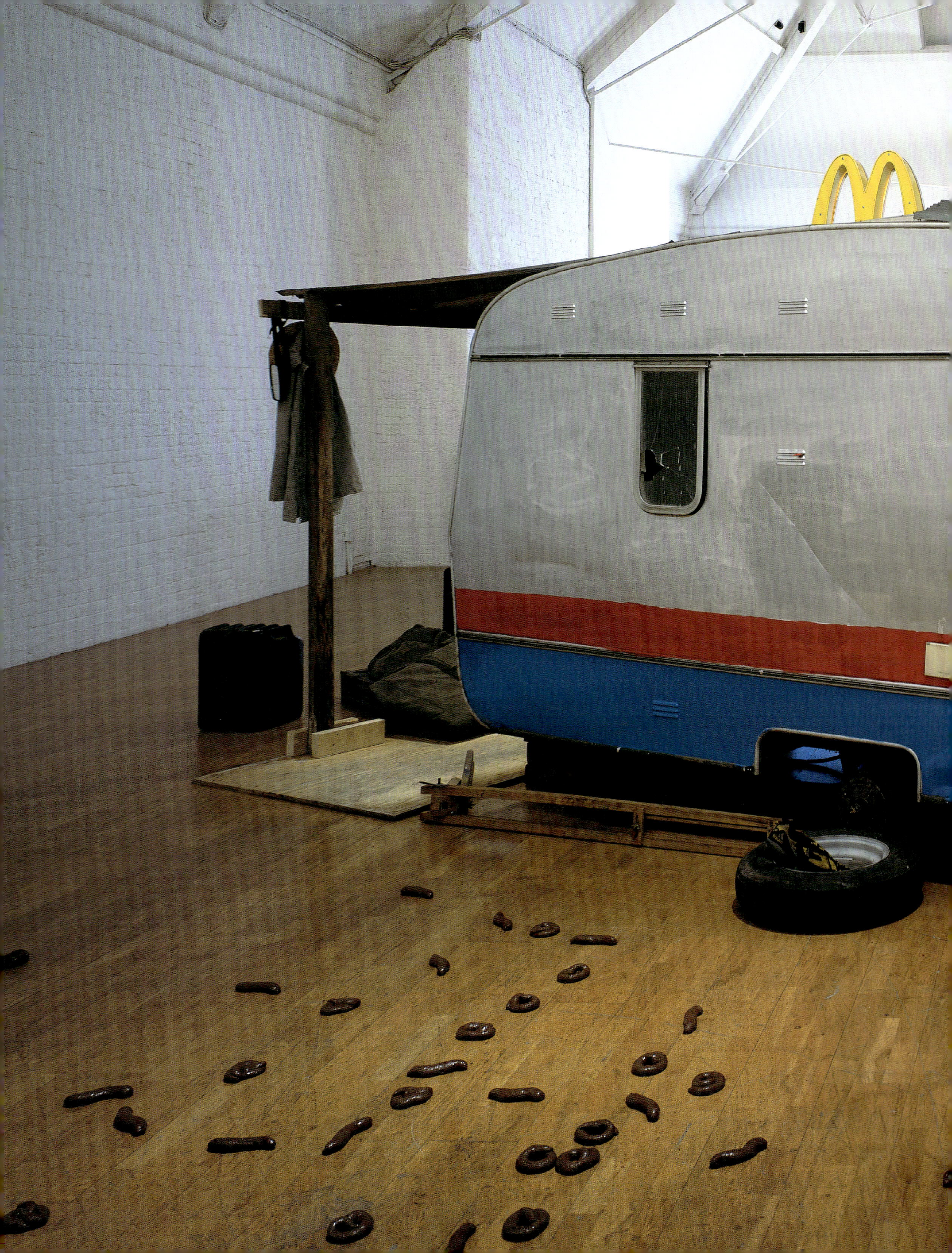

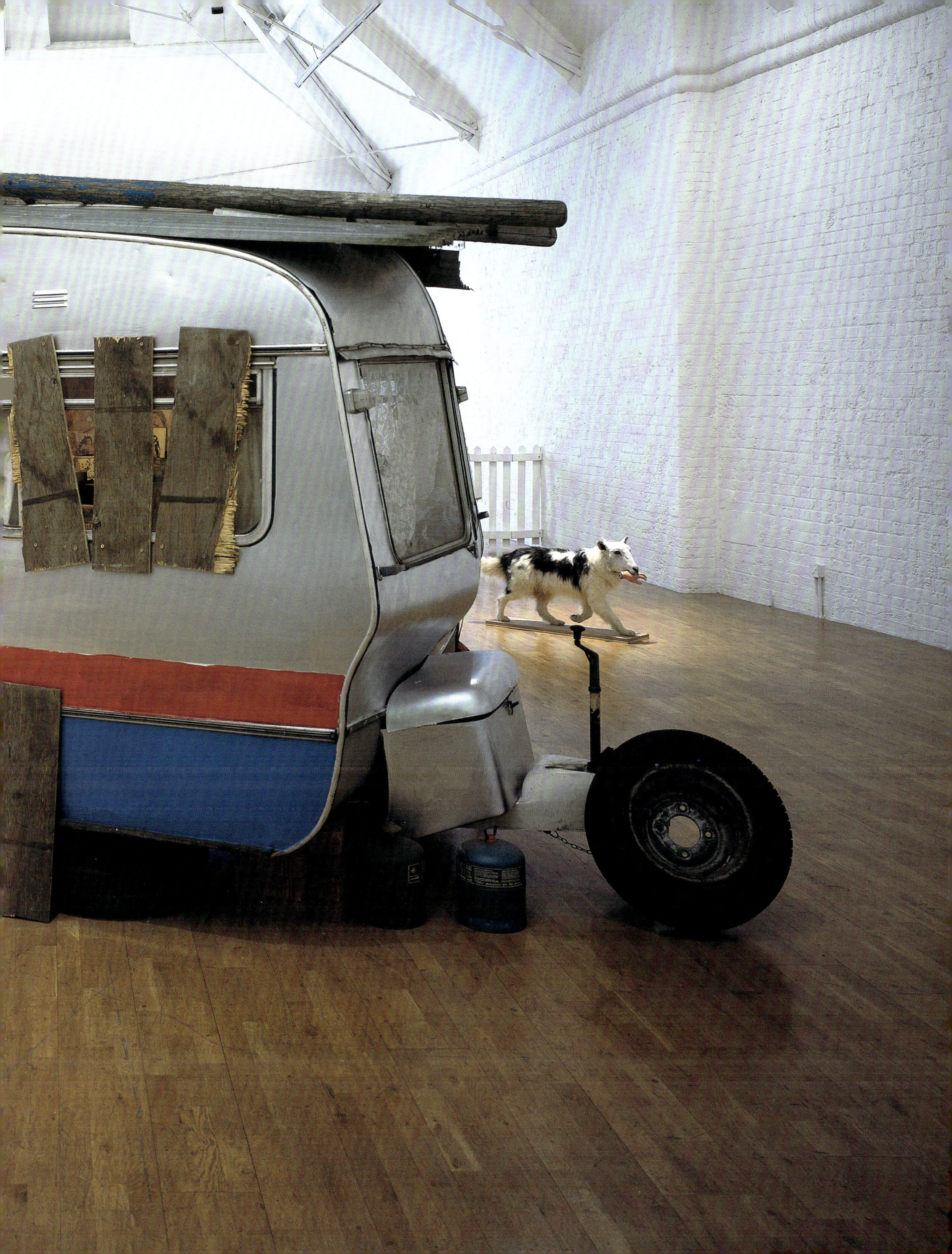

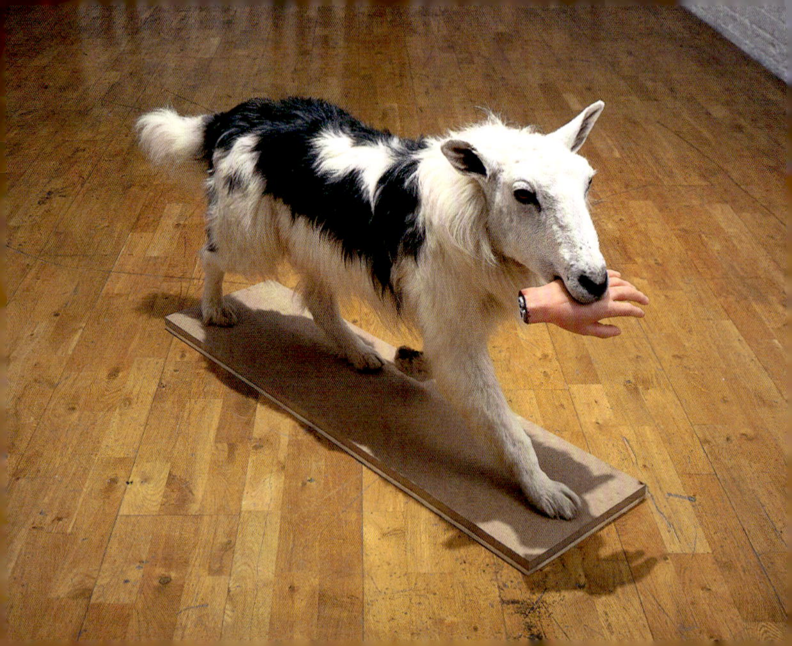

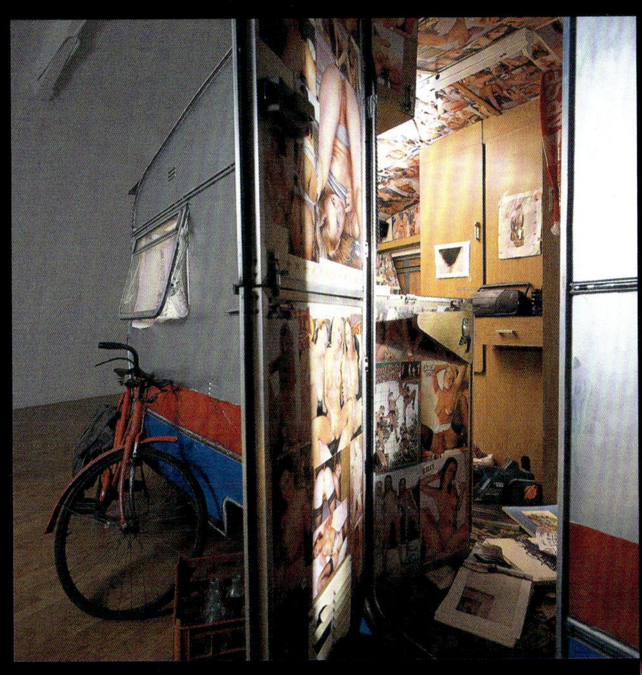

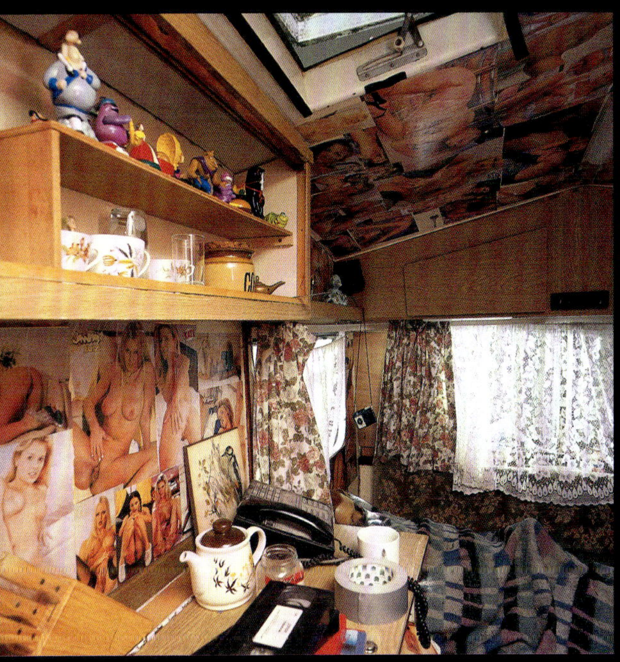

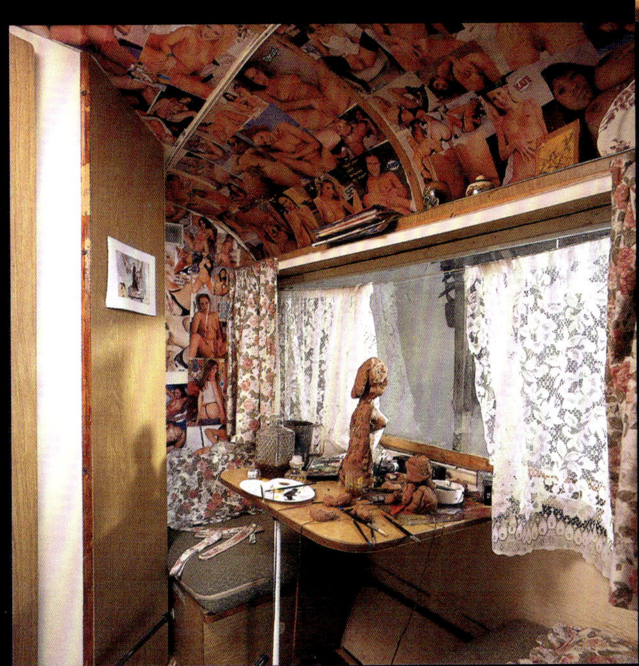

Disasters of War, 2001
83 grabados coloreados con acuarela
24,5 x 34,5 cm c/u
Cortesía los artistas

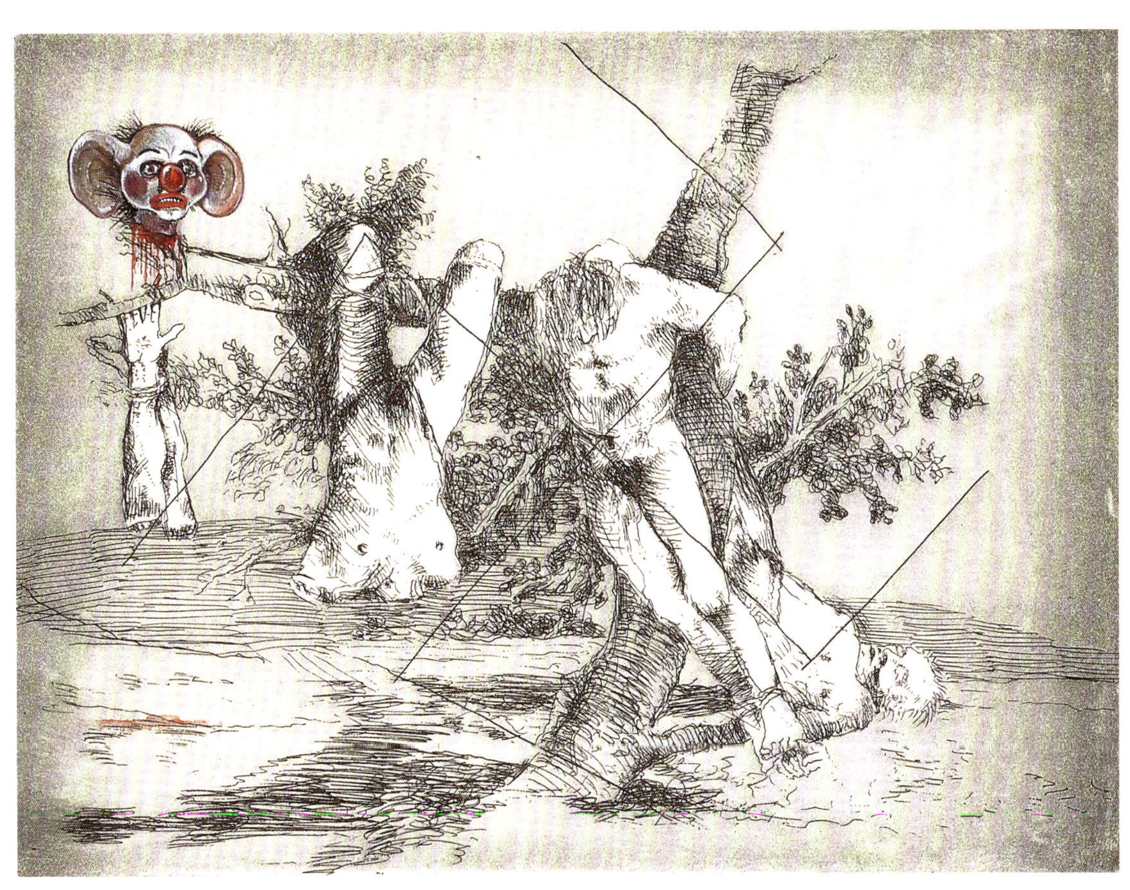

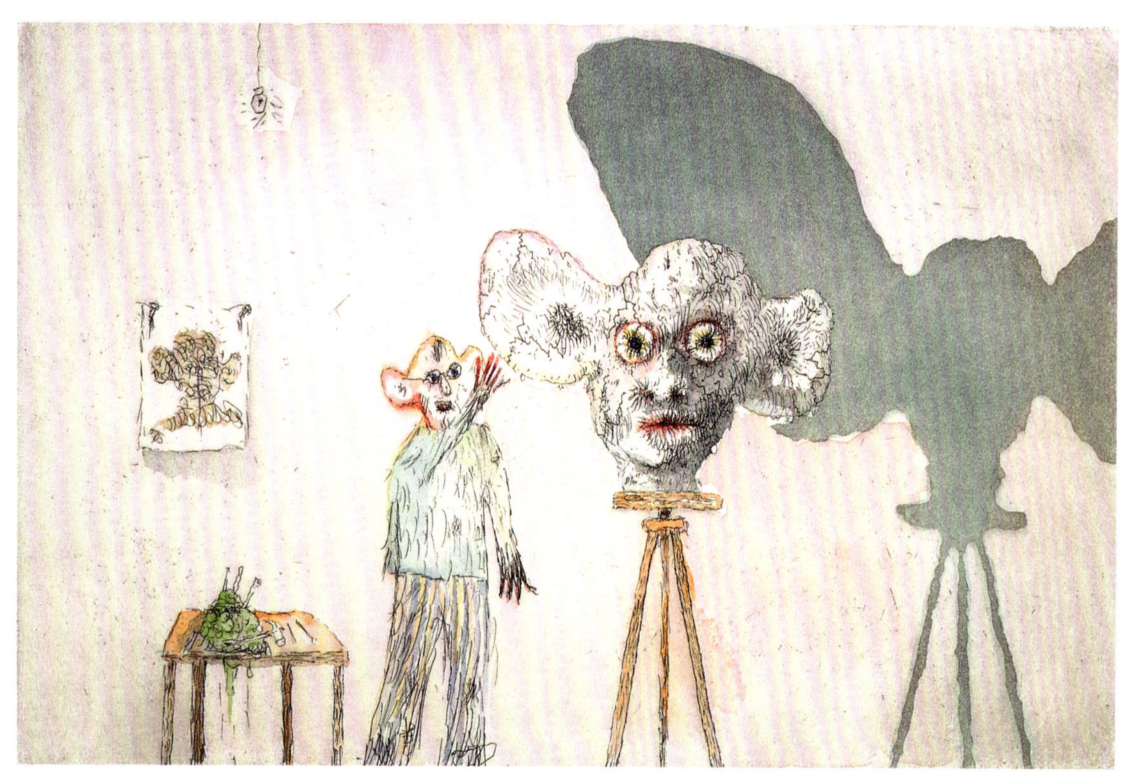

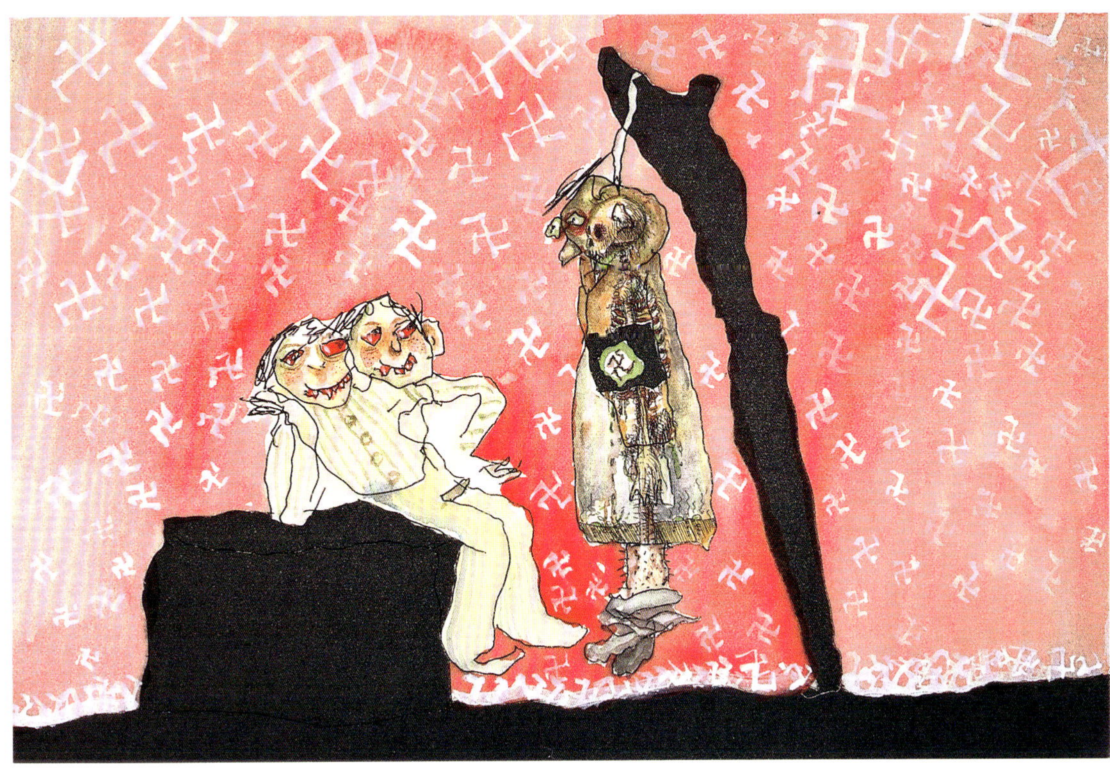

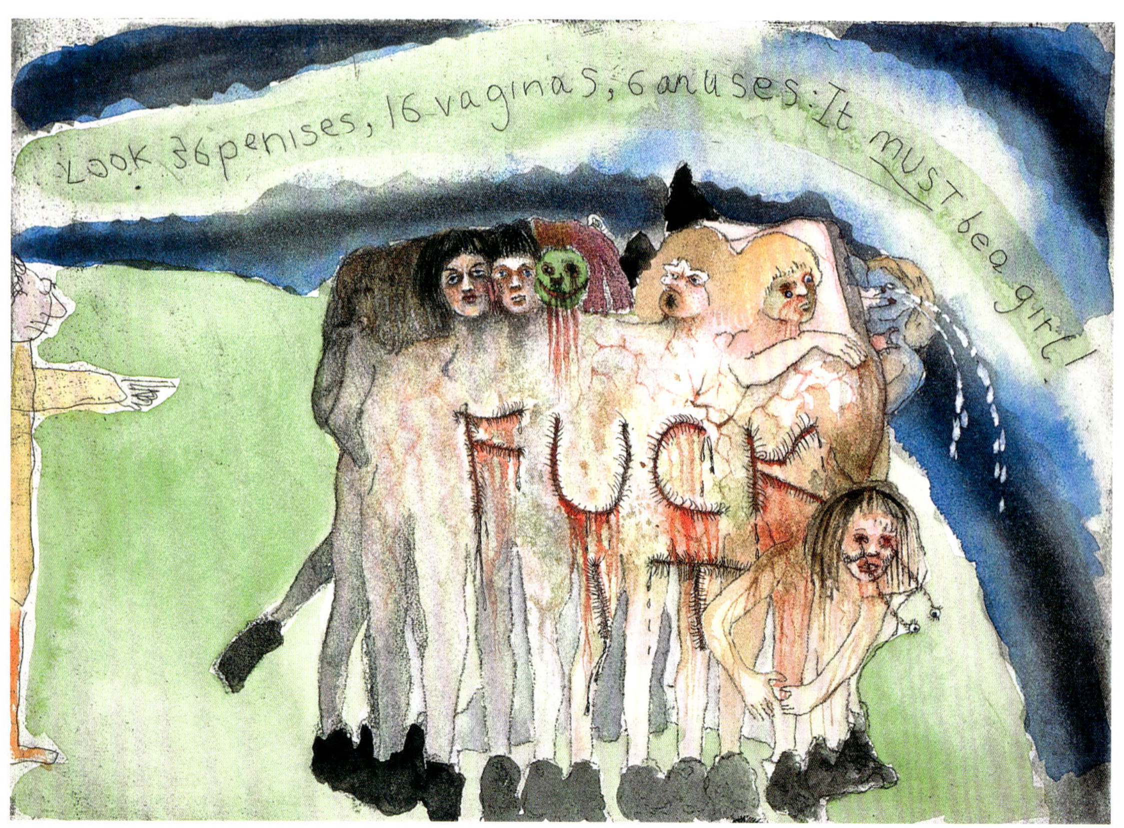
Look 36 penises, 16 vaginas, 6 anuses: It MUST be a girl!
FUCK

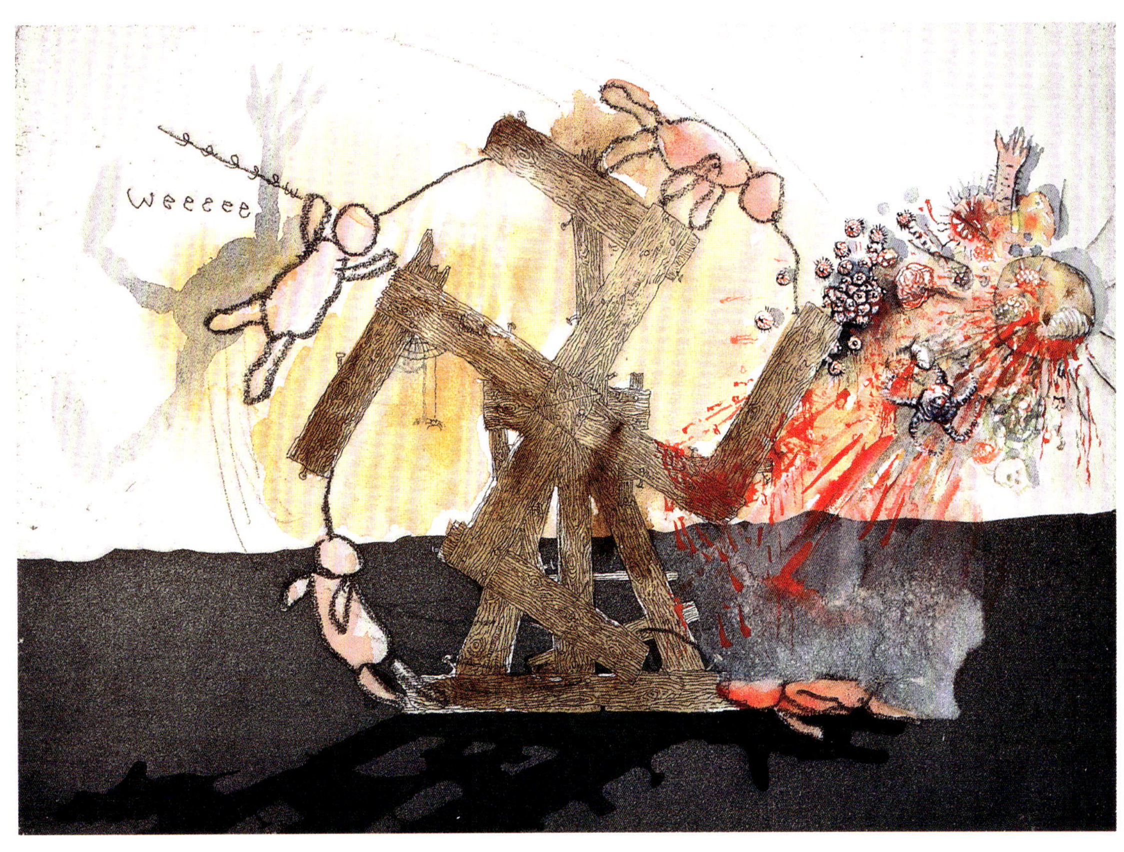
weeeee

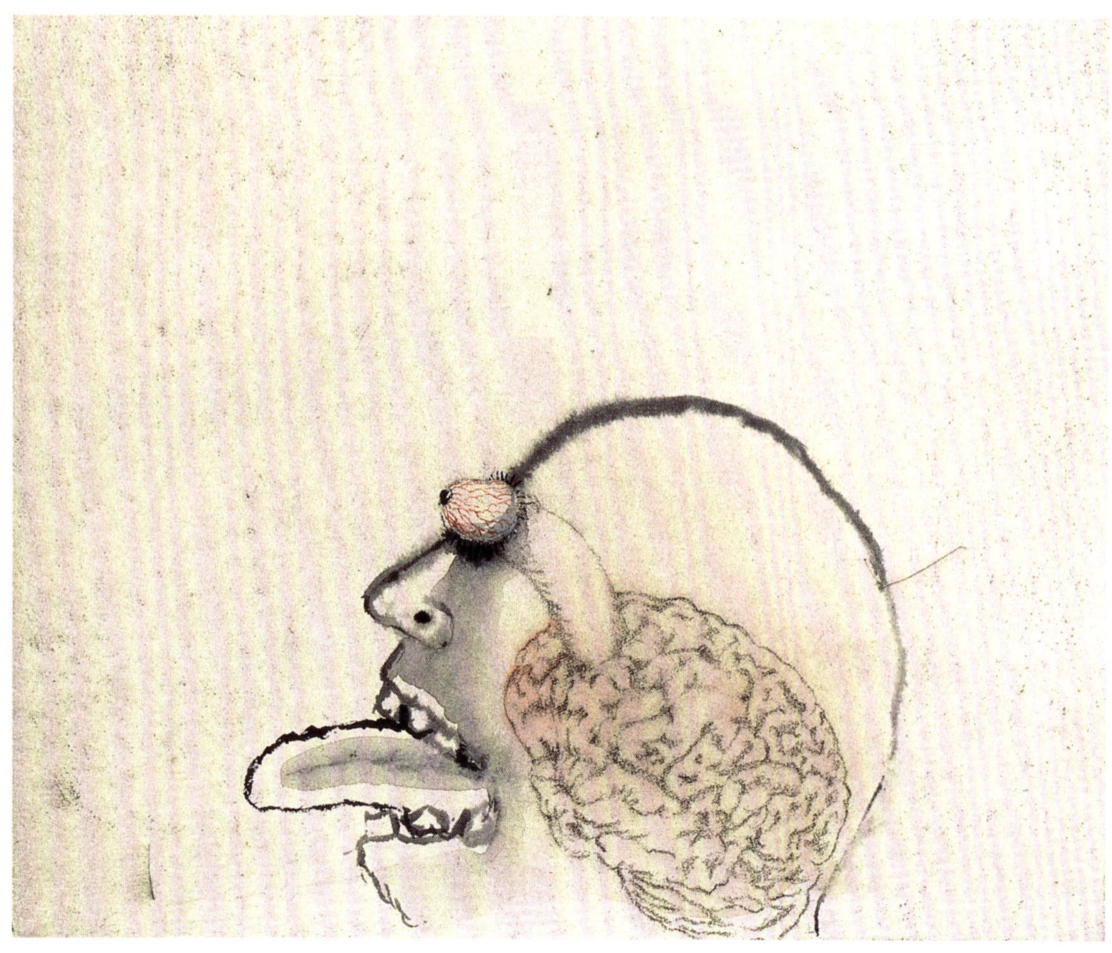

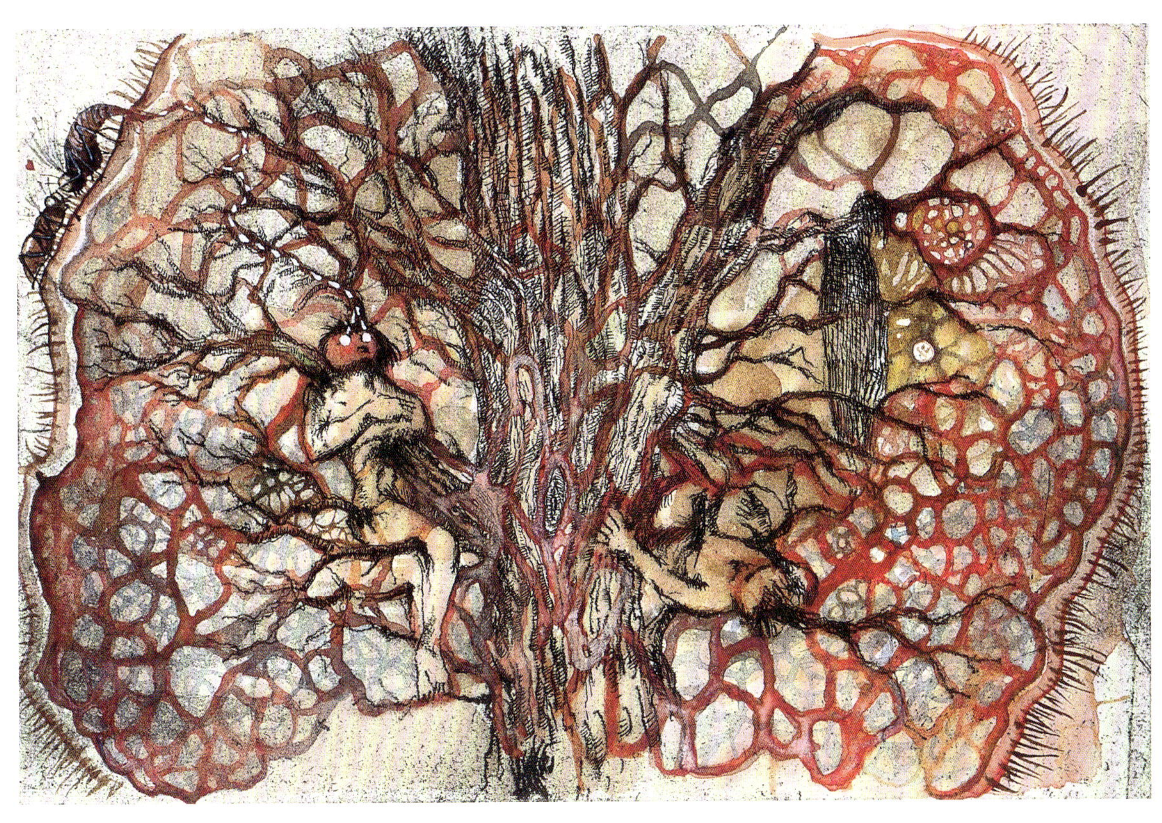

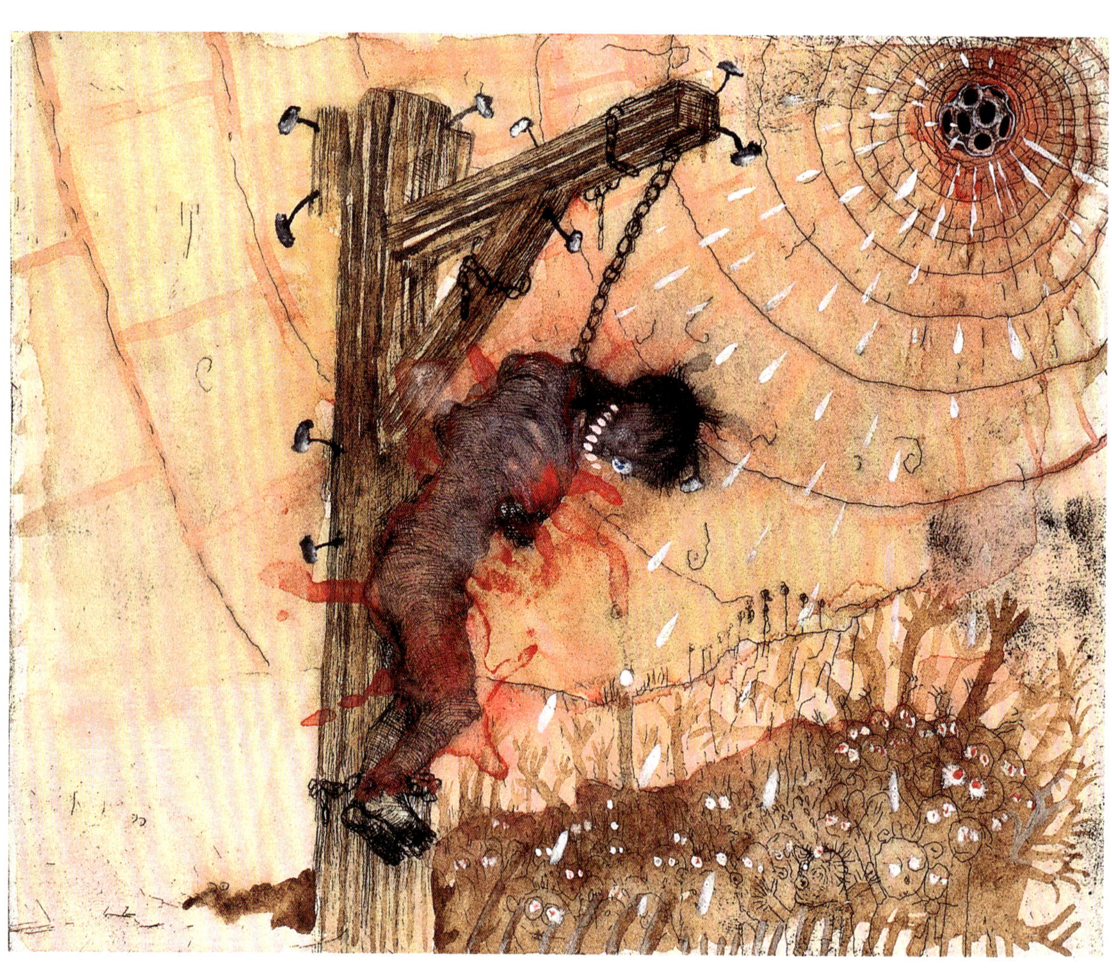

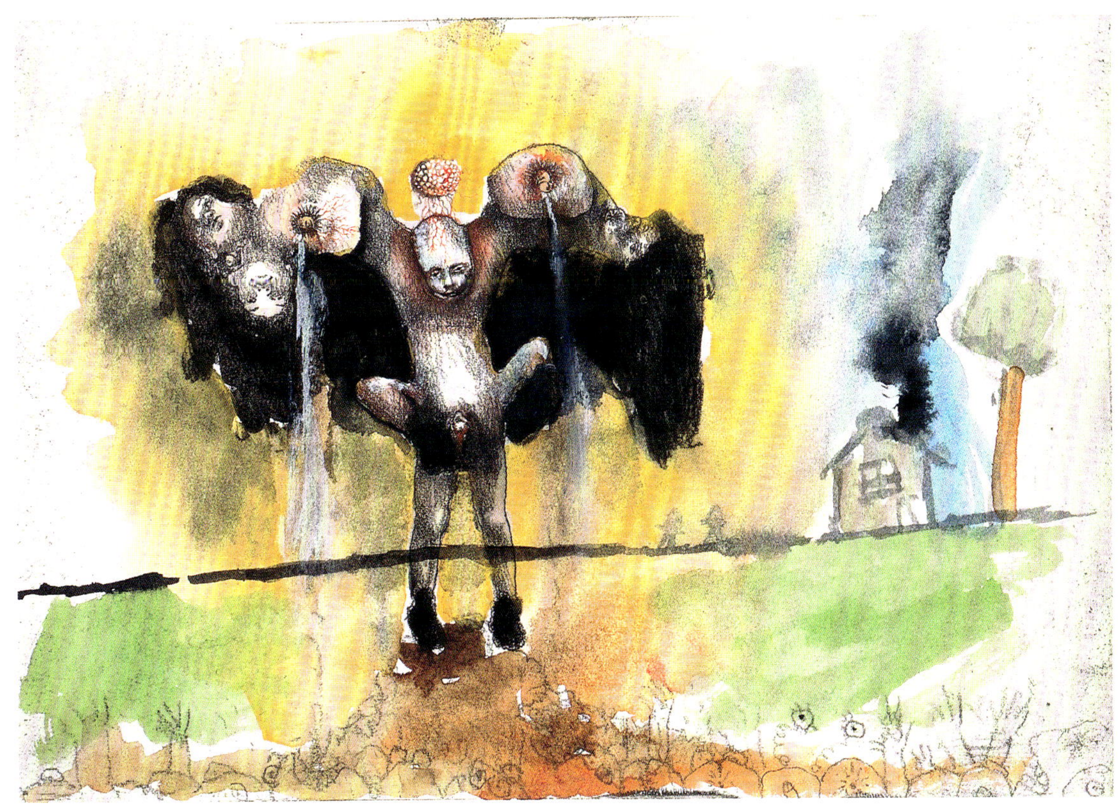

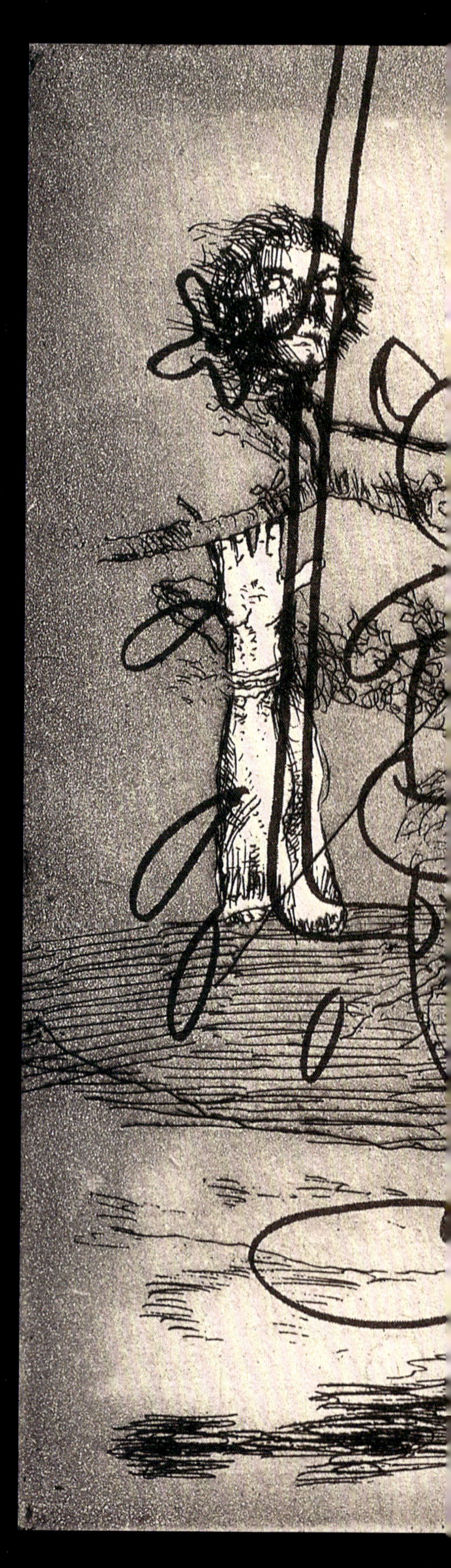

Gigantic Fun, 2000
83 grabados
24,5 x 34,5 cm c/u
Cortesía los artistas

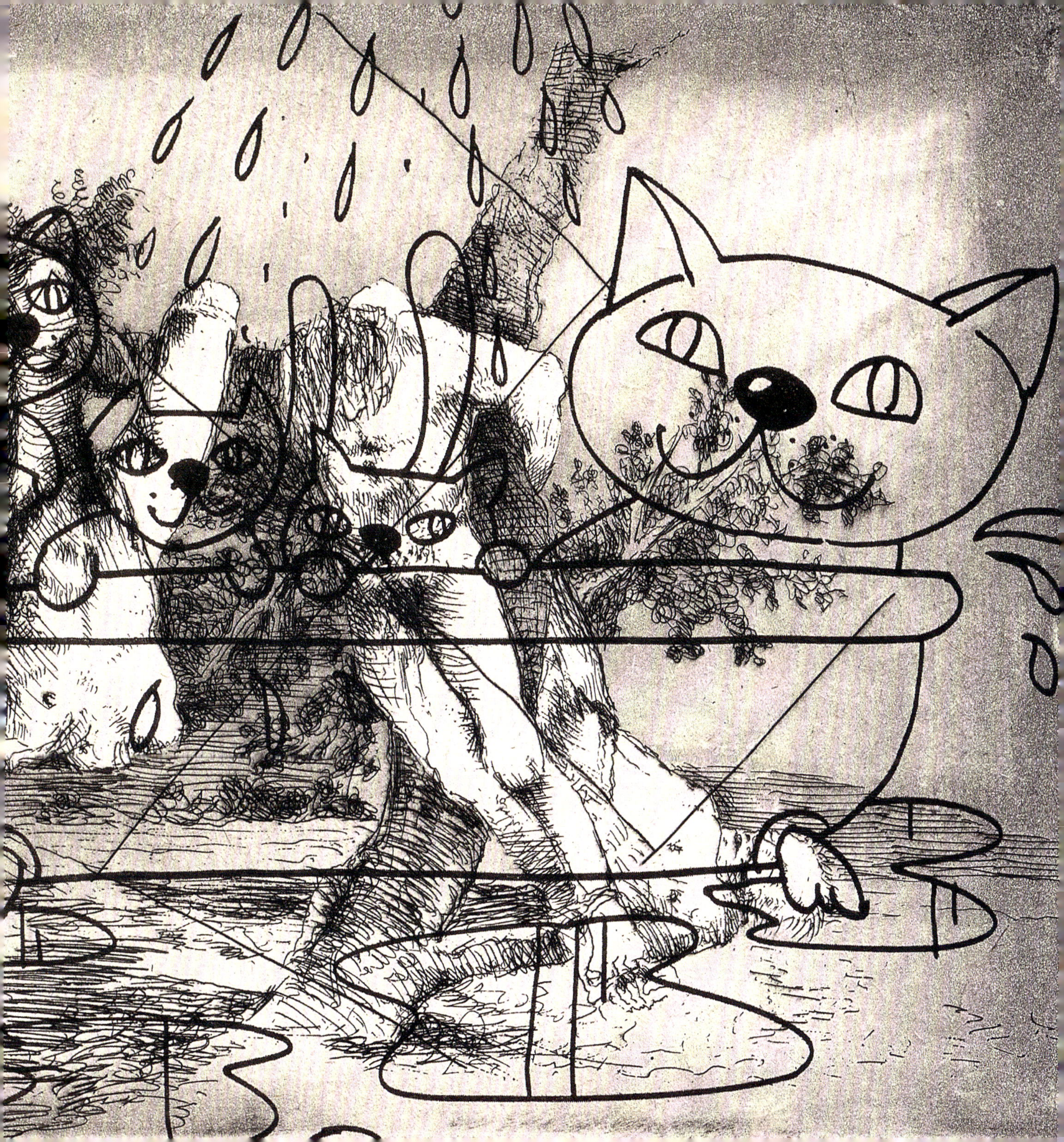

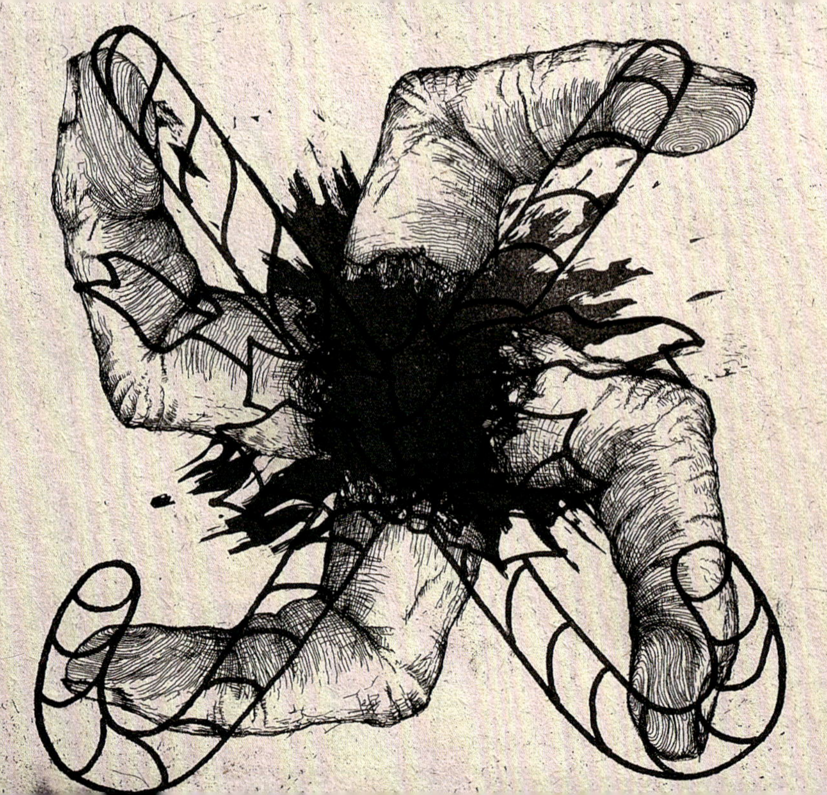

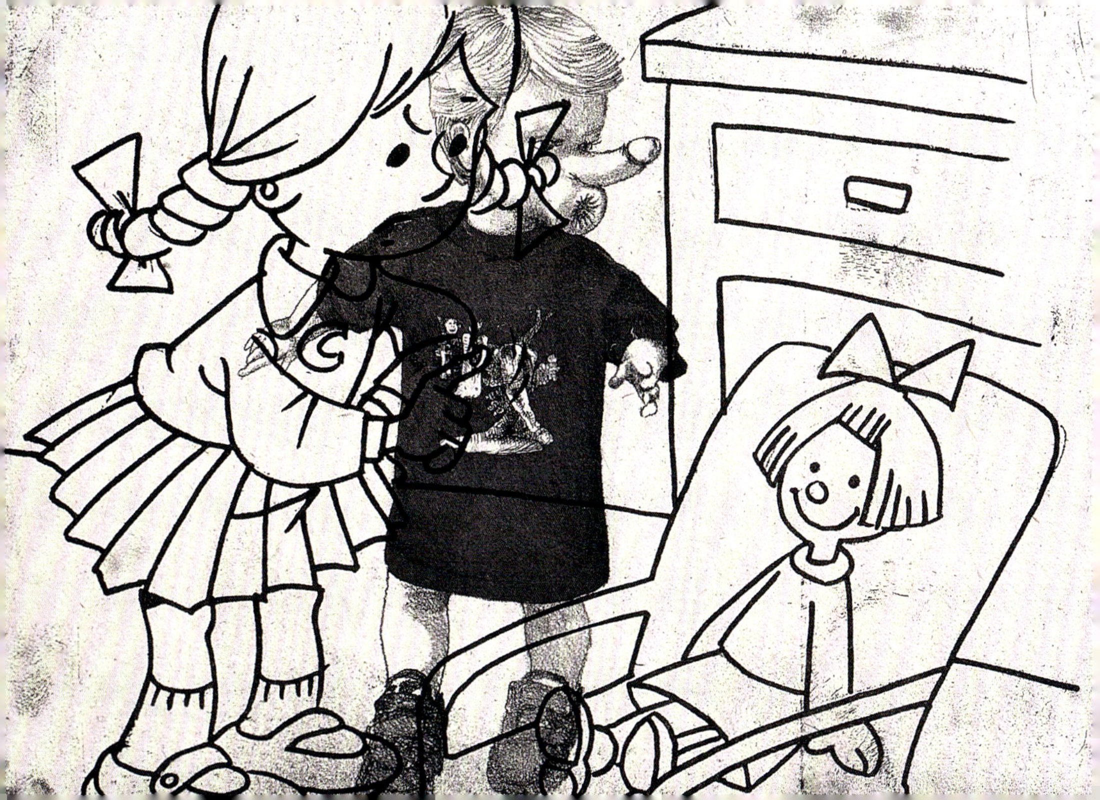

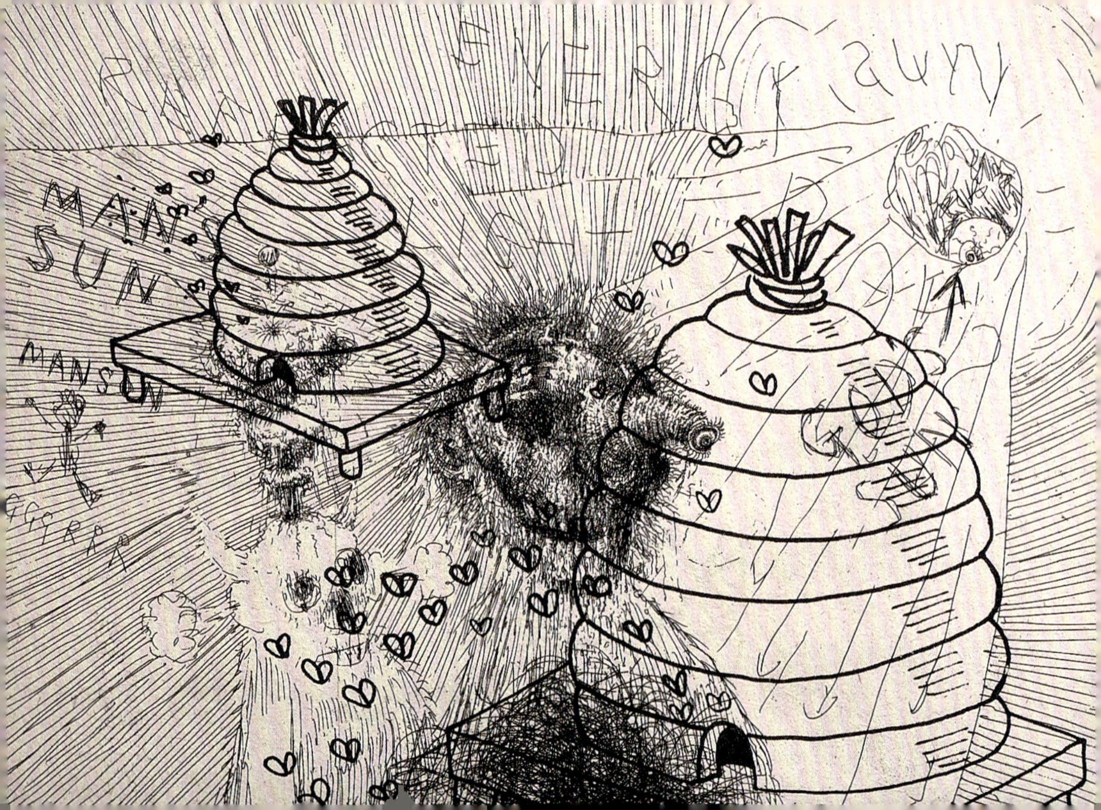
MAN
SUN

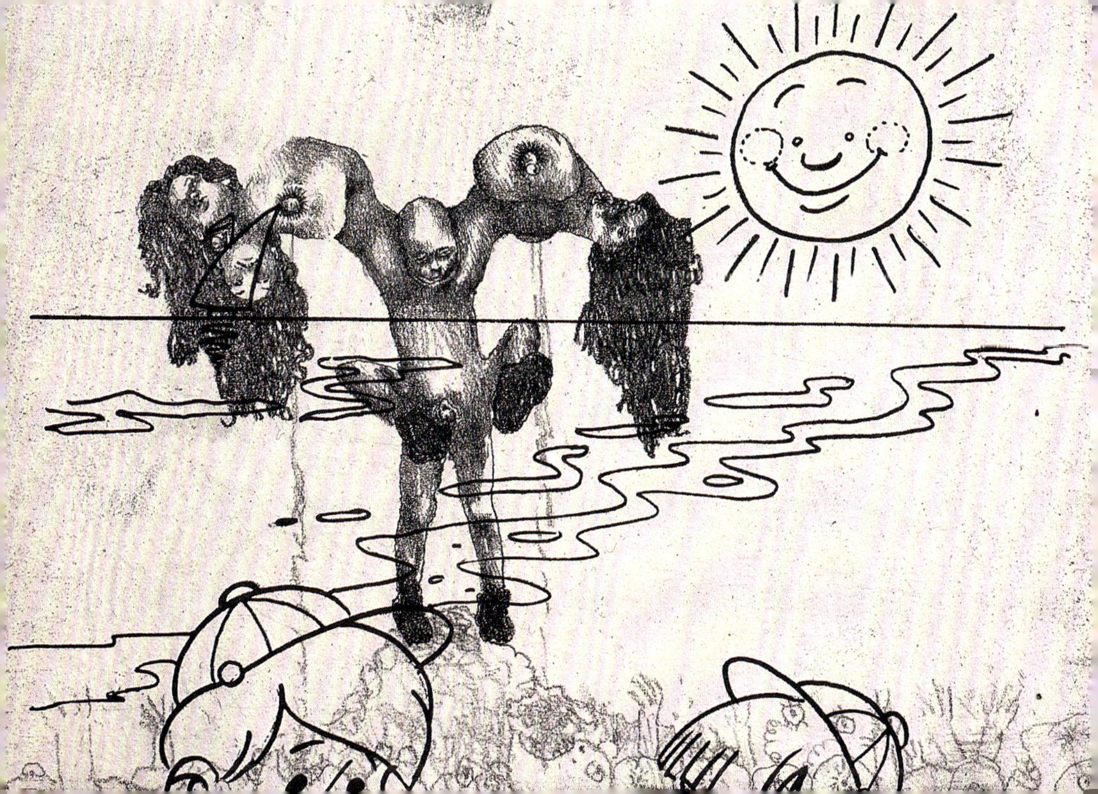

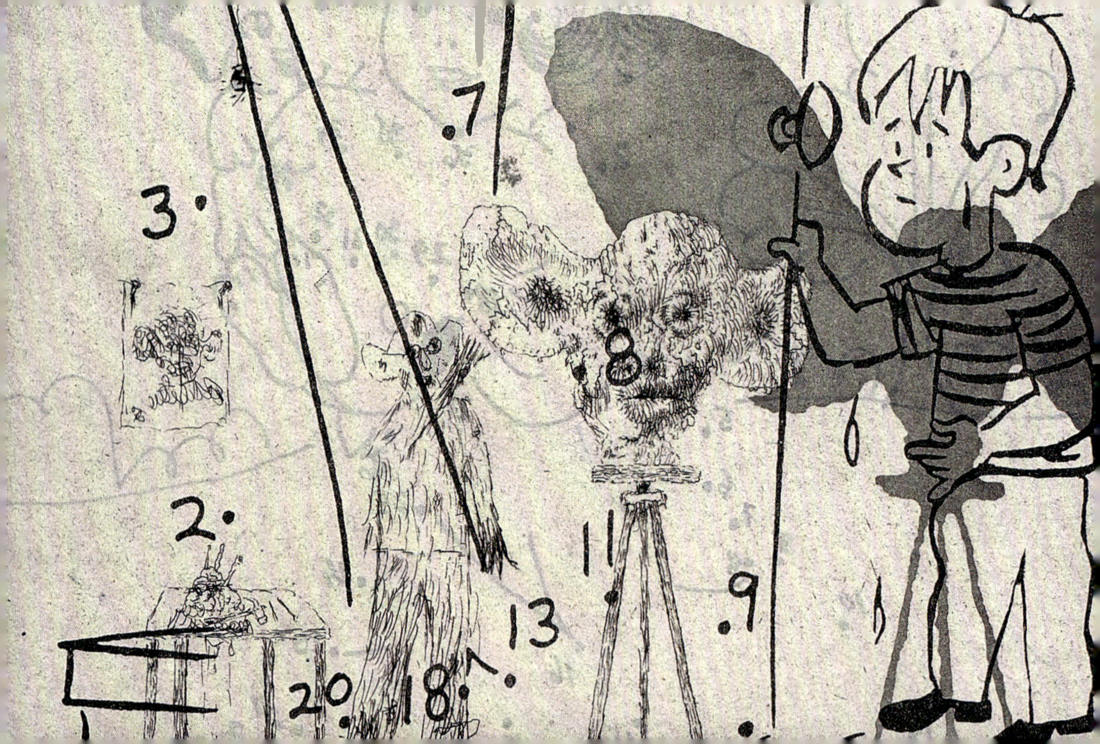

3.
.7
2.
8
11
13
.9
20.
18.

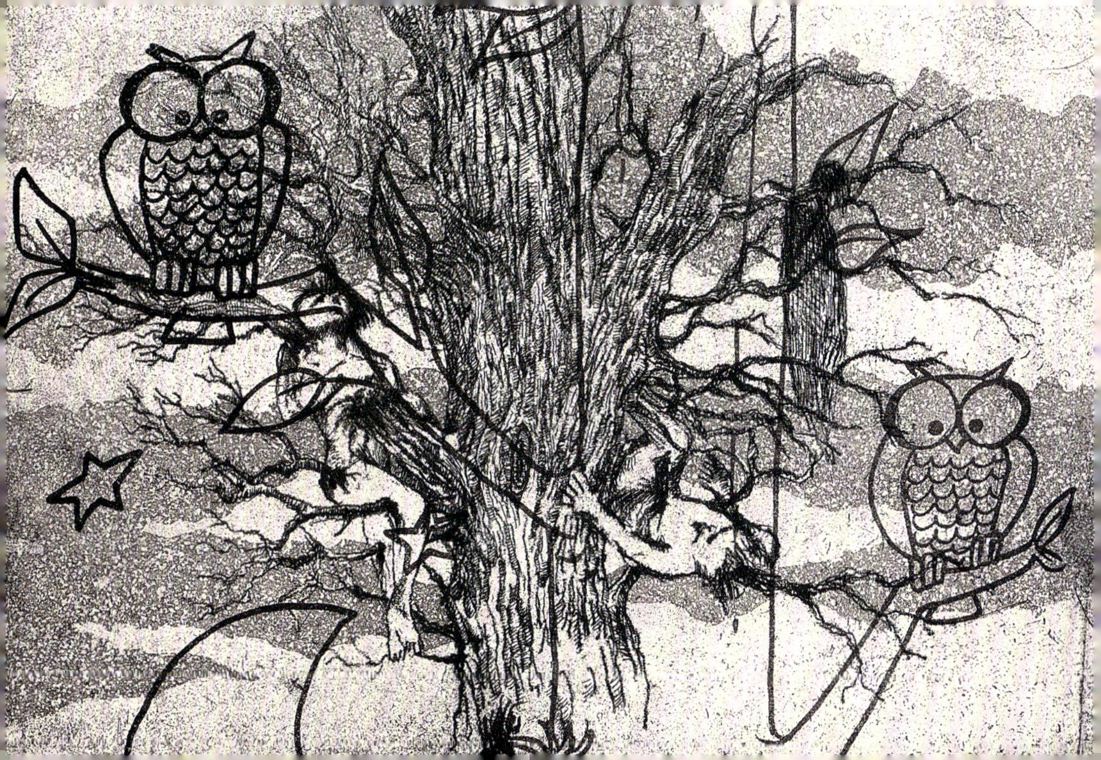

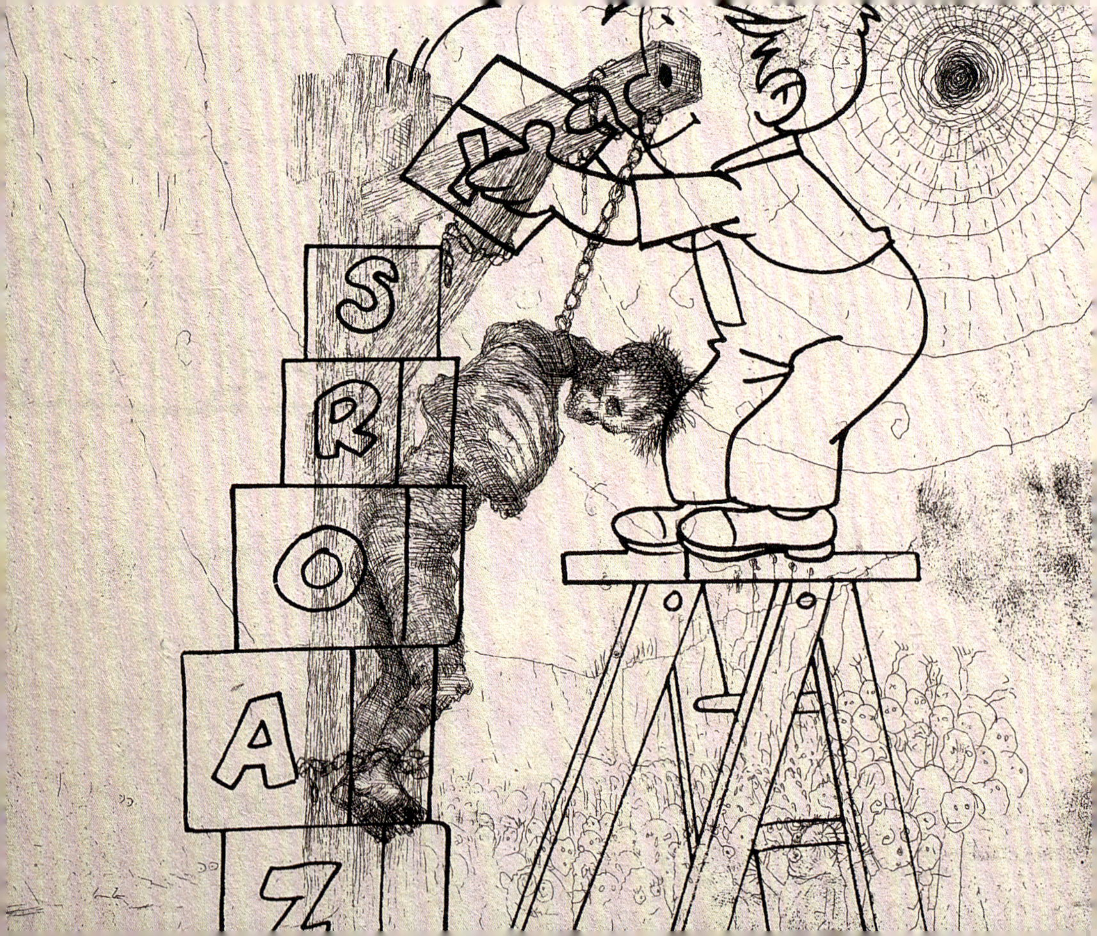
S
R
O
A
Z

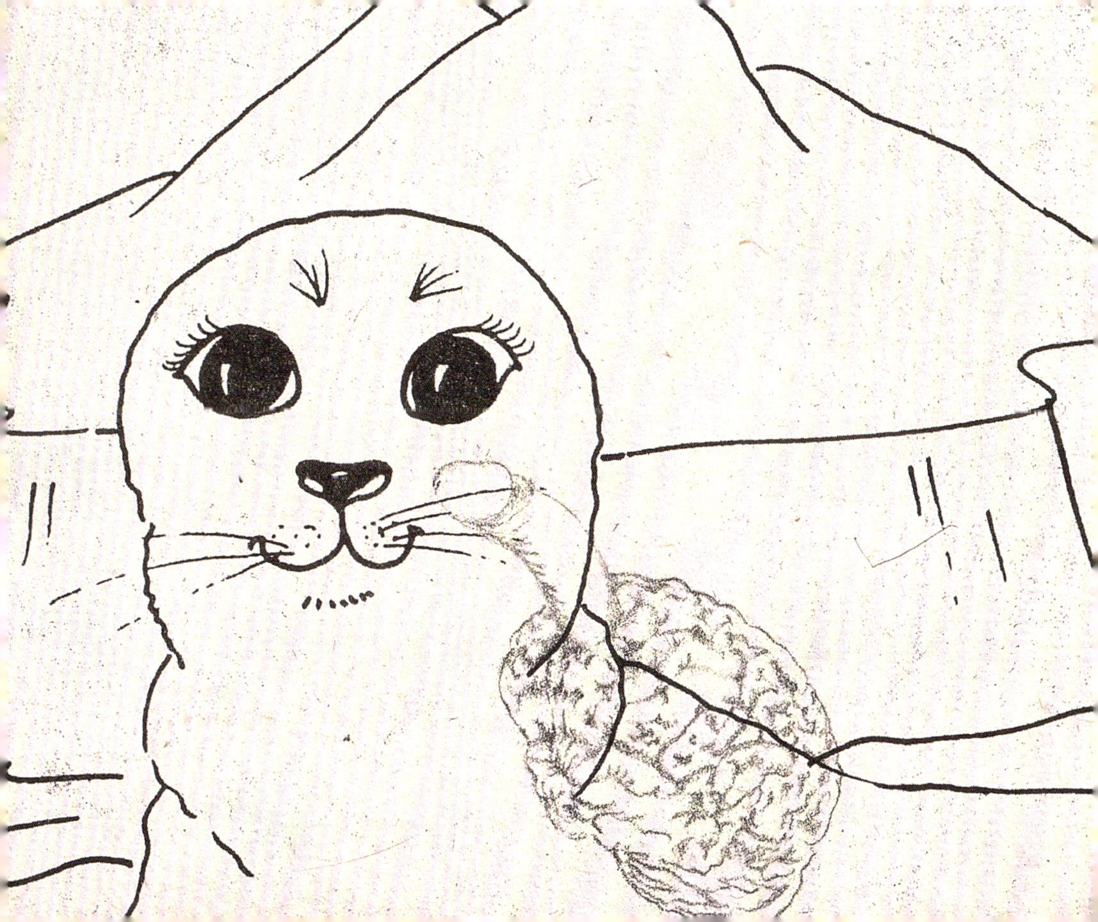

Marriage of Reason and Squalor, 2003
Bronce pintado
158 x 68 x 68 cm
Cortesía los artistas y Jay Jopling / White Cube (Londres)

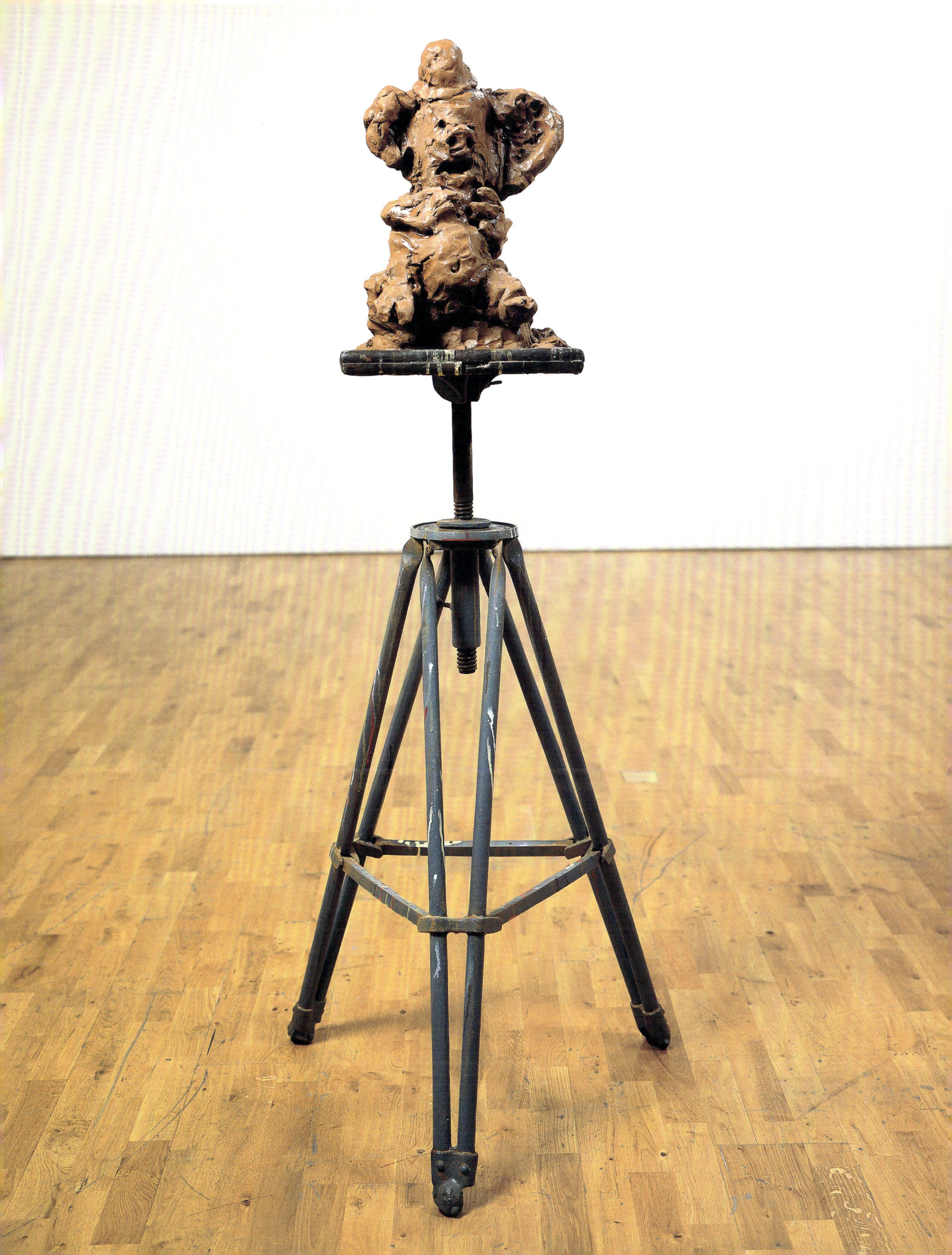

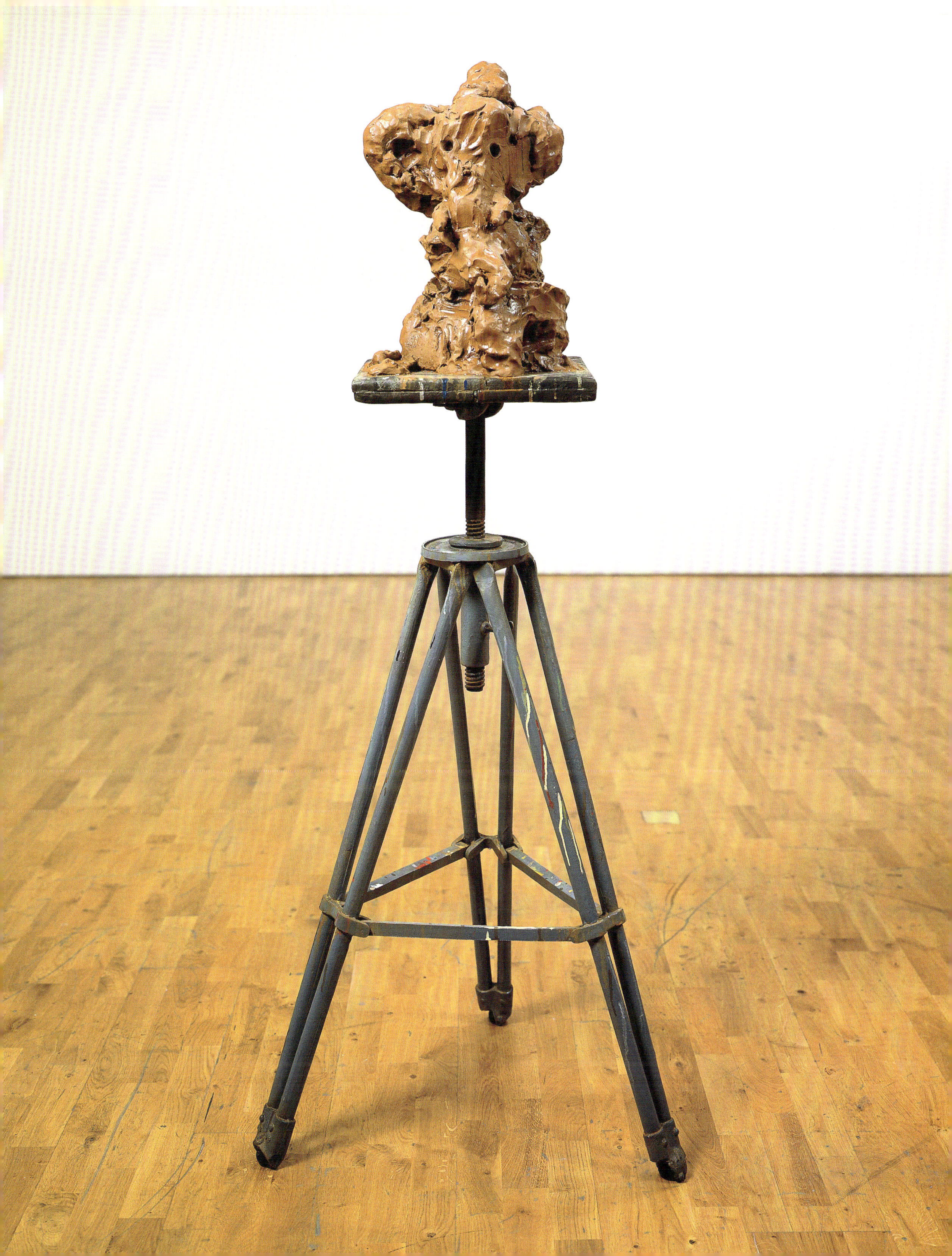

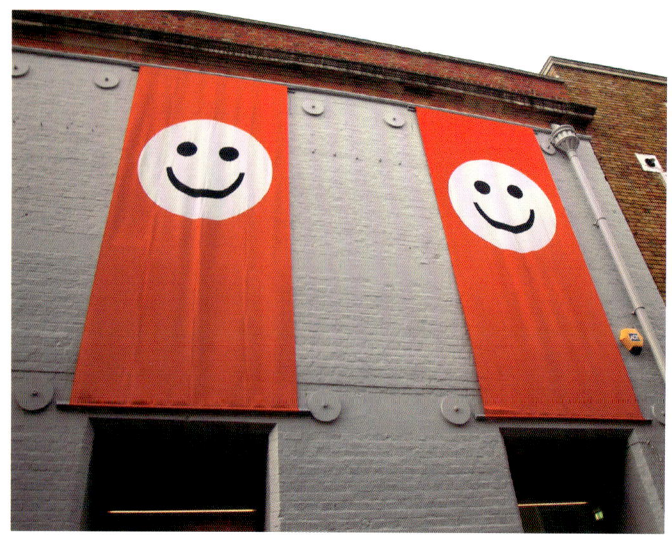

California Über-alles, 2003
4 banderolas de algodón
490 x 180 cm c/u
Cortesía los artistas

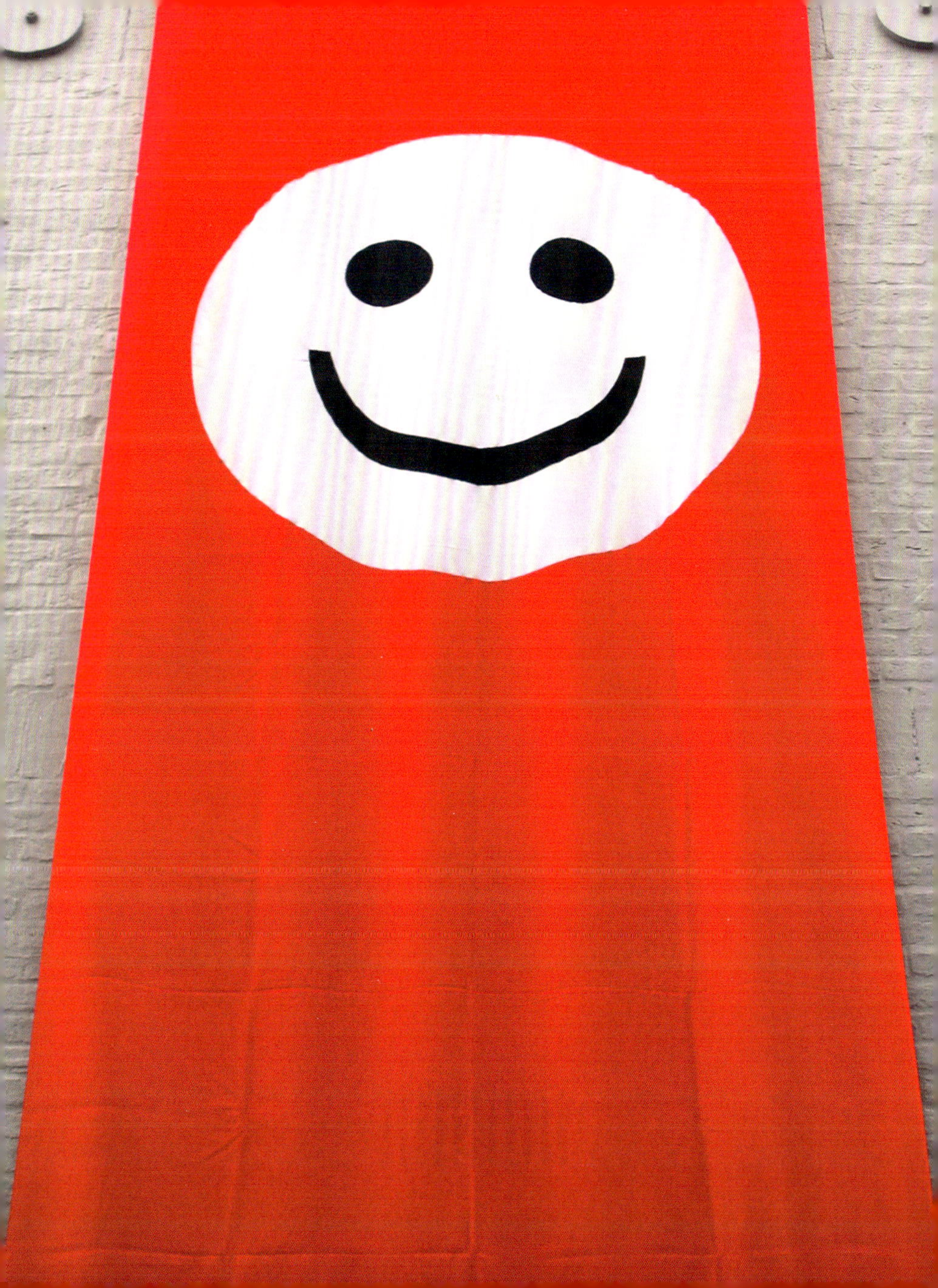

Rhizome, 2000
Técnica mixta
36 x 98,5 x 98,5 cm
154,6 x 101 x 101 cm (peana)
Cortesía Colección Olbricht, Alemania

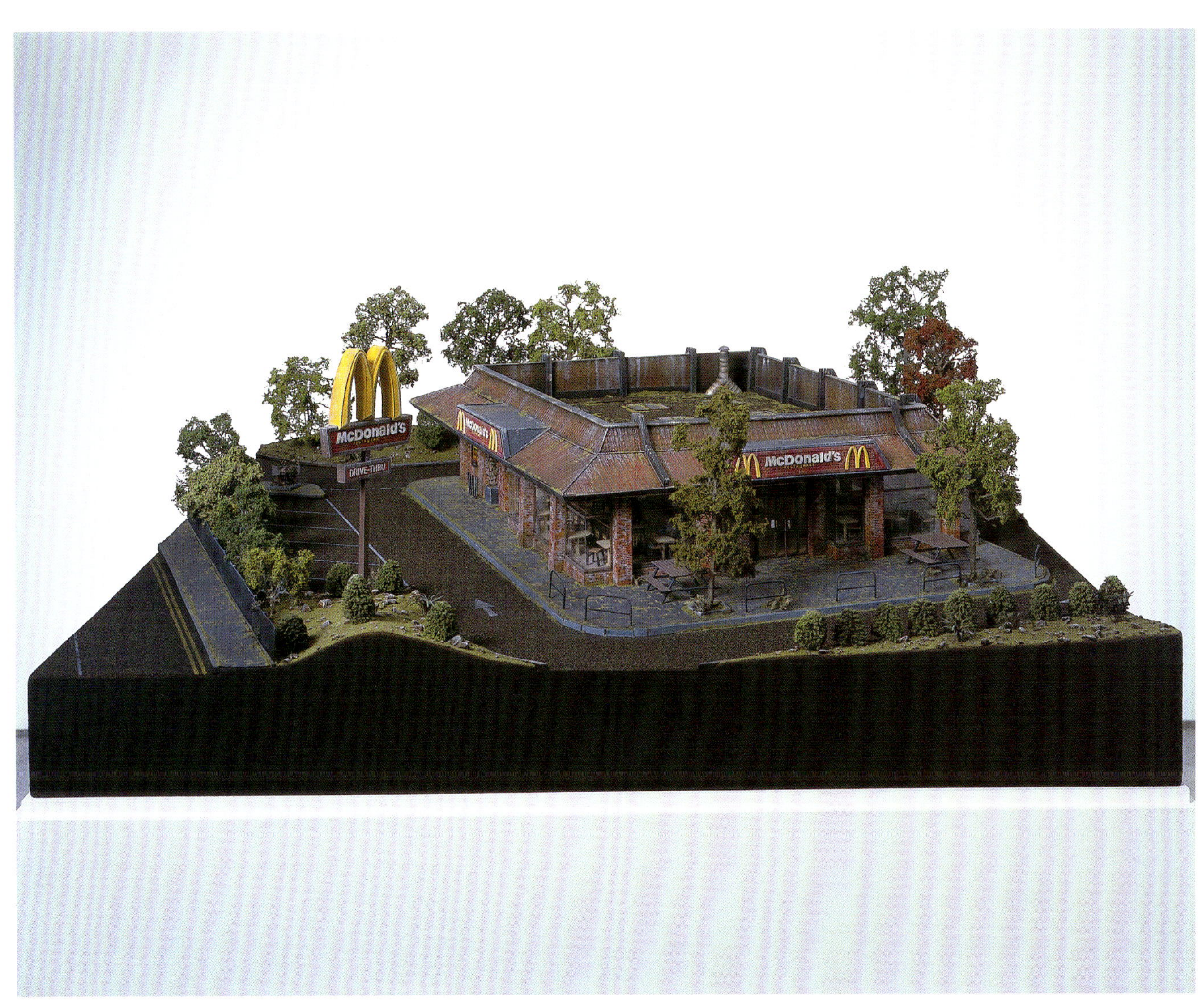
McDonald's
DRIVE-THRU
McDonald's

Jake & Dinos Chapman

The Marriage of Reason and Squalor / El matrimonio de la razón y la miseria

OBRAS EXPUESTAS / WORKS IN EXHIBITION

Injury to Insult to Injury, 2004
(Agravio para insultar al agravio)
Francisco de Goya "Los desastres de la guerra" / 'Disasters of War'
Serie de 80 grabados trabajados y mejorados / Portfolio of 80 etchings reworked and improved
37 x 47 cm c/u / each
Cortesía los artistas y Jay Jopling / White Cube (Londres) / Courtesy the artists and Jay Jopling / White Cube (London)

Sex I, 2003
(Sexo I)
Bronce pintado / Painted bronze
246 x 244 x 125 cm
Cortesía Colección Olbricht, Alemania / Courtesy Olbricht Collection, Germany

Death I, 2003
(Muerte I)
Bronce pintado / Painted bronze
73 x 218 x 95 cm
Cortesía Colección Olbricht, Alemania / Courtesy Olbricht Collection, Germany

Rape of Creativity, 2003-2004
(La violación de la creatividad)
Técnica mixta / Mixed Media
Dimensiones variables / Dimensions variable
Cortesía los artistas y Jay Jopling / White Cube (Londres) / Courtesy the artists and Jay Jopling / White Cube (London)

Disasters of War, 2001
(Los desastres de la guerra)
83 grabados coloreados con acuarela / 83 handcoloured etchings with watercolour
24,5 x 34,5 cm c/u / each
Cortesía los artistas / Courtesy the artists

Gigantic Fun, 2000
(Diversión gigantesca)
83 grabados / 83 etchings
24,5 x 34,5 cm c/u / each
Cortesía los artistas / Courtesy the artists

Marriage of Reason and Squalor I, 2003
(El matrimonio de la razón y la miseria)
Bronce pintado / Painted bronze
158 x 68 x 68 cm
Cortesía los artistas y Jay Jopling / White Cube (Londres) / Courtesy the artists and Jay Jopling / White Cube (London)

Marriage of Reason and Squalor II, 2003
(El matrimonio de la razón y la miseria)
Bronce pintado / Painted bronze
158 x 68 x 68 cm
Cortesía los artistas y Jay Jopling / White Cube (Londres) / Courtesy the artists and Jay Jopling / White Cube (London)

California Über-alles, 2003
4 banderolas de algodón / 4 printed cotton banners
490 x 180 cm c/u (peana) / each (plinth)
Cortesía los artistas / Courtesy the artists

Rhizome, 2000
(Rizoma)
Técnica mixta / Mixed media
36 x 98,5 x 98,5 cm
154,6 x 101 x 101 cm
Cortesía Colección Olbricht, Alemania / Courtesy Olbricht Collection, Germany

Jake & Dinos Chapman

Actualmente viven y trabajan en Londres / Currently live and work in London

Dinos Chapman

1962 Nace en / Born in Londres

1981 Ravensbourne College of Art (BA)

1990 Royal College of Art (MA)

Jake Chapman

1966 Nace en / Born in Cheltenham

1988 North East London Polytechnic (BA)

1990 Royal College of Art (MA)

Exposiciones individuales / Solo Exhibitions

2004 *The Marriage of Reason and Squalor*, CAC Málaga, Centro de Arte Contemporáneo de Malága

2003 *Hell*, The Saatchi Gallery, Londres
The Rape of Creativity, Modern Art Oxford
Jake & Dinos Chapman, Museum Kunst Palast, Düsseldorf

2002 *Works from the Chapman Family Collection*, White Cube, Londres
Jake & Dinos Chapman, Groninger Museum, Groninger

2001 *Jackie & Denise Chapwoman. New Work*, Modern Art, Londres

2000 *Jake & Dinos Chapman*, Kunst Werke, Berlín
Jake & Dinos Chapman. GCSE Art Exam, The Art Ginza Space, Tokio

1999 *Jake & Dinos Chapman*, Fig.1, Londres
Disasters of War, Jay Jopling/White Cube, Londres

1998 *Solo Exhibition*, Galerie Daniel Templon, París

1997 *Six Feet Under*, Gagosian Gallery, Nueva York
Chapmanworld, Grazer Kunstverein, Graz

1996 *Solo Exhibition*, P-House, Tokio
Zero Principle, Giò Marconi, Milán
Chapmanworld, Institute of Contemporary Art, Londres

1995 *Solo Exhibition*, Gavin Brown's Enterprise, Nueva York
Zygotic acceleration, biogenetic, de-sublimated libidinal model (enlarged x 1000), Victoria Miro Gallery, Londres
Bring Me the Head of Franco Toselli!, Ridinghouse Editions, Londres
Five Easy Pissers, Andréhn-Schiptjenko Gallery, Estocolmo

1994 *Great Deeds Against the Dead*, Victoria Miro Gallery, Londres
Mummy & Daddy, Galeria Franco Toselli, Milán

1993 *The Disasters of War*, Victoria Miro Gallery, Londres

1992 *We Are Artists*, Hales Gallery, Londres; Bluecoat Gallery, Liverpool

Exposiciones colectivas / Group Exhibitions

2004 Mike Kelley: The Uncanny, Tate Liverpool, Liverpool
Gewalt, Loushy Art & Editions, Tel Aviv

2003 *The Turner Prize*, Tate Britain, Londres
Reception 1, Reception, Londres
FRESH: Contemporary British Artists in Print, Edinburgh Printmakers, Edimburgo
Independence, South London Gallery, Londres
Did you hear about that frog who wanted to be a prince?, Egg, Londres
The Summer Exhibition, Royal Academy of Arts, Londres
Mars. Art and War, Neue Galerie am Landesmuseum Joanneum, Graz
Coollustre, Collection Lambert, Aviñón
Fran el Greco till Dali, Nationalmuseum, Suecia

2002 *Rapture: Art's Seduction by Fashion Since 1970*, Barbican Gallery, Londres
Art Crazy Nation Show, Milton Keynes Gallery, Milton Keynes

2001 *Utopien heute?*, Kunstverein Ludwigshafen e.V., Ludwigshafen, Alemania
Francisco de Goya and Jake and Dinos Chapman: The Disasters of War, Musée des Beaux-Arts de Montréal, Quebec
Die Sammlung Olbricht Teil 2. Without Hesitation, Gesellschaft für Aktuelle Kunst & Neues Museum Weserburg, Bremen
Eine Barocke Party, Kunsthalle Wien, Viena
Paper Assets: Collecting Prints and Drawings 1996-2001, The British Museum, Londres
Under the Skin. Biological Transformations in Contemporary Art, Stiftung Wilhelm Lehmbruck Museum, Duisburg

2000 *To Infinity and Beyond: Editions for the Year 2000*, Brooke Alexander Gallery, Nueva York
Drawings and Photographs, Matthew Marks Gallery, Nueva York
Disasters of War. Francisco de Goya, Henry Darger and Jake and Dinos Chapman, P.S.1 Contemporary Art Centre, Nueva York
Jake & Dinos Chapman and Francisco de Goya y Lucientes, The Power Plant, Toronto
Apocalypse: Beauty and horror in contemporary art, Royal Academy of Arts, Londres
ManMoMa. A Thick Bloke Kicking a Dog to Death, The International 3 Summer Fête, Fairfield, Manchester
The Pölstar Art Programme, Leicester Square, Londres
Ant Noises II, Saatchi Gallery, Londres
Gut aufgelegt, Griffelkunst, Hamburgo
Sex and the British - Slap and Tickle - A perspective on the sexual content of British Art since the 1960s, Galerie Thaddaeus Ropac, Salzburgo; Galerie Thaddaeus Ropac, París
Nervous Kingdom, Bluecoat Gallery, Liverpool
Out There, White Cube, Londres
Christian Gether, Stine Høholt, Mennesket, Arken Museum for Moderne Kunst 2000 Man-Body in Man- Art from 1950 to 2000, Arken Museum for Moderne Kunst , Skovvej, Dinamarca
Drawn From Life, Marianne Boesky Gallery, Nueva York

1999 *The Anagrammatical Body. The Body and Its Photographic Condition*, Kunsthaus Muerzzuschlag, Mürzzuschlag, Austria; ZKM/Zentrum für Kunst und Medientechnologie, Karlsruhe
Sensation, Young British Artists, Brooklyn Museum, Nueva York
UK Maximum Diversity, Atelierhaus der Akademie der Bildenden Künste, Viena
Heaven: An Exhibition that will break your heart, Kunsthalle Düsseldorf, Düsseldorf; Tate Gallery, Liverpool

1998 *Close Echoes. Public Body & Artificial Space*, City Gallery, Praga y Kunsthalle Krems, Austria
Wounds: between democracy and redemption in contemporary art, Moderna Museet, Estocolmo

1997 *Body, The Art Gallery of New South Wales*, Sydney, Australia
Minor Sensation, Victoria Miro Gallery, Londres
Sensation. Young British Artists from the Saatchi Collection, Royal Academy of Arts, Londres; Hamburger Bahnhof, Berlín (1998); Brooklyn Museum, Nueva York (1999-2000)

Future, Present, Past, Bienal de Venecia, Corderie dell'Arsenale, Venecia (comisario Germano Celant)
Gothic, Institute of Contemporary Art, Boston
Campo 6: The Spiral Village, Bonnefanten Museum, Maastricht
Full House, Kunstmuseum Wolfsburg, Wolfsburg

1996 *Young British Artists*, Roslyn Oxley Gallery, Sydney (comisario Glen Scott Wright)
Florence Biennale, Florencia (comisario Germano Celant)
Life/Live, ARC, París (comisario Hans Ulrich Obrist); Centro Cultural de Belem, Lisboa
Some Drawings from London, Kate Bernard, Londres
Campo 6: The Spiral Village, Galleria Civica d'Arte Contemporaneo, Turín (comisario Francesco Bonami)
Nach Weimar, KunstSammlungen zu Weimer, Alemania (comisario Klaus Biesenbach)
Little Boy Peep, Riding House Editions, Londres
The Cauldron, Dean Clough, Halifax (comisario Maureen Paley)

1995 *Brilliant!* New Art from London, Walker Art Centre, Minneapolis; Museum of Contemporary Art, Houston, Texas
General Release: Young British Artists, Bienal de Venecia, Scuola di San Pasquale, Venecia
London-Nu, Kunstforeningen, Copenhague
The Institute of Cultural Anxiety: Works from the Collection, Institute of Contemporary Arts, Londres (comisario Jeremy Miller)

1994 *Liar*, Hoxton Square, Londres (comisario Gregor Miur)
Rien à Signaler, Galerie Ananlix, Ginebra
Five British Artists, Andréhn Schiptjenko, Estocolmo
Great Deeds Against the Dead, Andrea Rosen Gallery, Nueva York
Watt, Witte de With & Kunsthal, Rotterdam, Holanda (comisario Chris Dercon)
Matter & Fact, Katherine Hamnett Building, Londres (comisario Neil Miller)

Exposiciones comisariadas / Curated Exhibitions

1996 *Some of My Best Friends are Geniuses*, Independent Art Space, Londres

Vídeos y películas / Videos and Films

1997 *TV Sculpture*, encargo de Union Pictures, Channel 4 y Absolut Vodka

1995 *Bring Me the Head of ...*, edición de 200, 7 minutos, editado por Ridinghouse Editions, Londres

Bibliografía / Bibliography

Prensa seleccionada / Selected periodicals

- Schjeldahl, Peter. "England Swings", *The New Yorker*, 3 enero 2004
- Dorment, Richard. "Dazzled and disappointed", *The Daily Telegraph*, 27 diciembre 2003, p. 4-5
- Januszczak, Waldemar. *The Sunday Times Culture Magazine*, 7 diciembre 2003, p. 8
- Buck, Louisa. "Chapmans outstrip Goya in the Art Market", *The Art Newspaper*, diciembre 2003, p. 31
- Darwent, Charles. "The odds are on the rotters...", *The Independent on Sunday*, 11 noviembre 2003, p. 10
- Cork, Richard. "The shock of the old", *New Statesman*, 10 noviembre 2003, pp. 40-42
- Kent, Sarah. "A real head-Turner", *Time Out*, 5 noviembre 2003, p. 53
- Leader, Darian. "The Turner Prize", *The Times*, 1 noviembre 2003, p. 3
- O'Grady, Claire. "Jake and Dinos Chapman", *The Guardian*, 1 noviembre 2003
- "Turner at 20", *Tate Arts and Culture*, noviembre 2003
- Kent, Sarah. "The art of gore", *Time Out*, 29 octubre 2003, p. 52
- Campbell-Johnston, Rachel. "The brothers grim mayo win, but only for the X rating", *The Times*, 29 octubre 2003, p. 10
- Searle, Adrian. "States of decay", *The Guardian*, 29 octubre 2003, pp. 12-14
- Jury, Louise. "For adults only: Sex and death dominate Turner Prize", *The Independent*, 29 octubre 2003, p. 9
- Lubbock, Tom. "The art of saying nothing", *The Independent Review*, 29 octubre 2003, pp. 2-3
- Tweedie, Neil. "Maggots, skeletons, fear and death. The Turner is back as healthy as ever", *The Daily Telegraph*, 29 octubre 2003, p. 9
- Dorment, Richard. "Ignore the naughtiness", *The Daily Telegraph*, 29 octubre 2003, p. 23
- Leitch, Luke. "Sex dolls and skeletons - it must be the Turner", *Evening Standard*, 28 octubre 2003, p. 3
- Kent, Sarah. "Sibling revelry", *Time Out*, 15 octubre 2003, p. 4
- Farndale, Nigel. "The Artful Dodgers", *The Sunday Telegraph Magazine*, 12 octubre 2003, pp. 8-15
- Mullins, Charlotte. "A shocking perspective on inhumanity", *The Financial Times*, 8 octubre 2003, p. 17
- Hoggard, Liz. "Murder, mayohem, mutilation - but something's missing", *The Observer Review*, 5 octubre 2003, p. 10
- Januszczak, Waldemar. *The Sunday Times Culture Magazine*, 5 octubre 2003, pp. 6-7
- Jeffries, Stuart. "Jake & Dinos Chapman. Saatchi Gallery, London", *The Guardian*, 1 octubre 2003, p. 30
- "Jake & Dinos Chapman. Modern Art Oxford", *Art Monthly*, Junio 2003, p. 20
- "That's Not A Pawn, Is It?", *The Guardian*, 26 junio 2003
- "A Real Nice Pair Playing To The Nasty Gallery", *The Sunday Times*, 8 junio 2003, p. 15
- Reynolds, Nigel. "Transvestite potter in frame for Turner Prize", The Daily Telegraph, 30 mayo 2003, p. 1
- Kent, Sarah. "Art attack", *Time Out*, 14-21 mayo 2003, p. 58
- Wolfson, Richard. "What will it be? Wait and see", *The Daily Telegraph*, 19 abril 2003, p. 6
- Garner, Lesley. "Fraternal instinct", *The Independent Magazine*, 5 abril 2003, pp. 9-13
- Jones, Jonathan. "Look what we did", *The Guardian*; G2, 31 marzo 2003, pp. 2-3
- Gayford, Martin. "The Chapman Two's McNugget nasties", *The Sunday Telegraph*, 20 abril 2003, p. 7
- Field, Marcus. "Brothers Grim", *ArtReview*, febrero 2003, pp. 42-44
- Ellis, Patricia. "Jake & Dinos Chapman", *Flash Art*, enero/febrero 2003, p. 113
- Kent, Sarah. "Jake & Dinos Chapman", *Time Out*, 13 noviembre 2002, p. 57
- Januszczak, Waldemar. "Fast food for thought", *The Sunday Times Culture Magazine*, 10 noviembre 2002, pp. 14-15
- Jones, Jonathan. "The Chapmans offend again", *The Guardian*, 6 noviembre 2002, p. 16

- Hackworth, Nick. "McHeart of darkness", *Evening Standard*, 31 octubre 2002, p. 53
- Bearn, Emily. "Torture for the masses", *The Sunday Telegraph; Review*, octubre 27 2002, p. 5
- Morton, Tim. "Textual Perversion", *Tate Magazine*, octubre 2001, p. 25
- Street-Porter, Janet. "Jubilee!", *The Independent on Sunday; Life* etc. 26 mayo 2002, pp. 1-2
- Collings, Matthew. "The Mad and the Good", *Modern Painters*, primavera 2002, pp. 90-93
- Sewell, Brian. "Sick people don't want art", *Evening Standard*, 11 diciembre 2001, p. 15
- Dorment, Richard. "Here's Looking At Us", *The Spectator*, 13 octubre 2001, pp. 30-32
- Millard, Rosie. "The Tastemakers", *The Times Magazine*, 6 octubre 2001, pp. 24-32
- Chapman, Jake. "The Holy Land Experience", *Another Magazine*, nº 1, otoño/invierno 2001, pp. 6-17
- Hutchinson, Mark. "Excess and Amateurism: William Blake, The Chapman Brothers and hell", *Everything Magazine*, nº 4, 2001, pp. 18-20
- Sianhi-Davies, Mary. "Jake and Dinos Chapman", *Ta Nea*, Athens, 2001, pp. 10-14
- Coomer, Martin. "Jackie & Denise Chapwoman", *Time Out*, 6-13 junio 2001, p. 46
- Luycks, Filip. 'Esthetica van de gruwel. Het schokeffect van Jake and Dinos Chapman', *Sint-Lukasgalerij Brussels*, nº 3, febrero 2001
- Moyes, Jojo. "An apocalyptic vision of the future: genocide, mutilation and torture", *The Independent*, 3 mayo 2000, p. 3
- Vendrame, Simona. "Der unsterbliche Körper und dessen Vergänglichkeit", *Frame*, 2000
- "Fashion Meets Art: Creating Kate", *Vogue (UK)*, mayo 2000, pp. 157-170
- Bennett, Oliver. "Hip to be Square", *The Independent Magazine*, 1 abril 2000, pp. 8-15
- Milner, Catherine. "Saatchi buys hell on earth", *The Sunday Telegraph*, 6 febrero 2000, p. 8
- Lyall, Sarah. "Furor Is Nothing New for Young British Artists", *Herald Tribune*, 19 octubre 1999
- Ellison, Michael. "New York seeks to ban Britart Sensation", *The Guardian*, 24 septiembre 1999
- Jones, Jonathan. "Jake and Dinos Chapman:White Cube, Londres", *Frieze*, junio/julio/agosto 1999, nº 47
- Higgie, Jennifer. "Londres", *BT Magazine*, julio 1999, vol. 51, nº 773, pp. 180-181
- Coomer, Martin. "Jake and Dinos Chapman: White Cube", *Time Out*, 7-14 abril 1999
- Judd, Ben. "Jake and Dinos Chapman", *Flash Art*, enero-febrero 1999, vol. XXXII, nº 204, p. 85
- Withers, Rachel. "Jake and Dinos Chapman. Chapman (F) Arts", *Artforum*, vol. 37, nº 4, diciembre 1998, p. 141
- "Jake & Dinos Chapmans' Top Ten", *Artforum*, mayo 1998, p. 34
- Hilty, Greg. "Dinos & Jake Chapman. Choc, ennui et modernisme", *art press*, abril 1998, pp. 38-42
- Mc Neill, David. "'Body' Art Gallery of New South Wales, Sydney", *Art & Text*, febrero 1998
- Barrett, David. "Sensation, Royal Academy of Arts, London", *Art & Text*, febrero 1998
- Hayt, Elizabeth. "Dinos & Jake Chapman/Gagosian Gallery, New York", *Art & Text*, febrero 1998
- Avgikos, Jan. "Dinos & Jake Chapman/Gagosian Gallery", *Artforum*, diciembre 1997
- Wavell, Stuart. "It mayo be shocking, revolting and even witty, but is it art?", *The Sunday Times*, septiembre 1997
- Stringer, Robin. "Art or Outrage", *Evening Standard*, septiembre 1997
- Simon, Robin. "Academy of Porn, The Brothers Grim", *The Daily Mail*, septiembre 1997
- Feaver, William. "Myra, Myra on the wall..., *The Observer*, septiembre 1997
- Alberge, Dalya. "Shocking? Not us, say artists as academy issues a taste warning", *The Times*, septiembre 1997
- Kent, Sarah. "It's a Sensation! But is it art? Everything you need to know about the London art scene, but were afraid to ask". Suplemento especial, *Time Out*, nº 1412, septiembre 1997
- Collings, Matthew. "The New Establishment", *Independent on Sunday*, agosto 1997
- "Dinos & Jake Chapman conversazione con Demetrio Paparoni", *Tema Celeste*, febrero 1997 pp. 50-55, 110-111 (incluyendo proyecto de los artistas y la cubierta)
- Chapman, Jake & Dinos. "Florence biennale: Fashion and Art: A Compromising Couple", *Flash Art*, enero/febrero 1997, p. 74
- Lillington, David. "Zombie Esthetiek", *Metropolis*, nº 6, diciembre 1996, pp. 28-31
- Carrozzoni, M.S. *Virus*, nº 9, octubre 1996, pp. 42-44
- Levy, Geffory. "Modern 'art' Greed", *Daily Mail*, 14 septiembre 1996

- Rosenblum, Robert. "Dinos & Jake Chapman, ICA, Londres", *Artforum*, nº 1 septiembre 1996, pp. 100-101
- Chapman, Jake & Dinos. "Gender is an Organic Supersrition", *Woman's Art Magazine*, nº 71, agosto/septiembre 1996
- Sanders, Mark. "The chaps to know about", *Interview*, junio 1996, pp. 32-33
- Popham, Peter. "Jake & Dinos & all their little friends", *Independent on Sunday*, 12 mayo 1996
- Kent, Sarah. "Odd Bodies", *Time Out*, 22-29 mayo 1996
- Searle, Adrian. "Morbid, mutant dummies...", *Review, The Guardian*, 11 mayo 1996
- Jones, Dylan. "Two heads being better than one", *Arena*, mayo 1996, pp. 30-32
- Kent, Sarah. "Gender Blenders", *Time Out*, 1-8 mayo 1996, pp. 18-19
- Cornwell, Jane. "Those Bad Boys of the Art World Dickheads", *Attitude*, nº 25, mayo 1996, pp. 30-31
- Milner, Catherine. "Such monstrous mannequins", *The Sunday Telegraph Review*, 7 abril 1996
- Cecchetto, Paolo. *Juliet*, nº 76, febrero/marzo 1996
- Gale, Lain. *The Independent*, 6 febrero 1996
- Maloney, Martin. "The Chapman Bros. When will I be famous?", *Flash Art*, nº 186, febrero 1996, pp. 64-67 y cubierta
- Hall, James. "Letter from London", *Artforum*, enero 1996, p. 30
- Burchill, Julie. "The fine art of being a new fascist", *The Sunday Times Review*, 1 octubre 1995
- Lewis, Matthew R. *i-D Magazine*, octubre 1995, pp. 94-95
- Tressider, Megan. "Brilliant bad boys of the galleries", *The Guardian*, 7 octubre 1995
- Sanders, Mark. "The art world deserves them Dinos and Jake Chapman interviewed by Mark Sanders", *Dazed & Confused*, nº 14, octubre 1995, pp. 54-57
- Currah, Mark. "Dummy perculiar", *Time Out*, nº 1310, 27 septiembre-4 octubre 1995
- Roberts, James. "Jake & Dinos Chapman/Ridinghouse Editions, London", *Frieze*, nº 24, septiembre/octubre 1995
- "Artists of the Month, Tatler, vol. 2901, nº 1, octubre 1995, p. 30 O'Sullivan, Charlotte. "Dedicated followers of fascism", *The Sunday Observer Review*, 24 septiembre 1995
- Hall, James. "Mad, bad, but brilliant to view", *The Guardian*, 19 septiembre 1995
- Guha, Tanya. "Dinos & Jake Chapman/Andrehn Schiptjenko, Stockholm", *Time Out*, nº 1300, 19-26 julio 1995
- Searle, Adrian. "Faces to watch in the art world - 5. Jake & Dinos Chapman", *Independent Section 2*, 18 julio 1995
- Birnbaum, Daniel. "Dinos & Jake Chapman/Ridinghouse Editions", *Artforum*, verano 1995
- Gillick, Liam. Project for *Art & Text*, nº 51, 1995
- Lederman, Erika. "Magic Tricks", *Art Monthly*, nº 187, junio 1995
- Smith, Roberta. "Blood and Punk Royalty to Grunge Royalty, *New York Times*, 24 marzo 1995
- Wallenstein, Sven-Olov. "Polymorphous Perversities", *Material*, nº 25, 1995
- Searle, Adrian. "Letter from London", *Artforum*, febrero 1995
- Jacques, Alison. "Jake & Dinos Chapman", *Flash Art*, nº 180, enero-febrero 1995
- Curry, Patrick. "Mannequin-pisstake, letter to the editor, *Time Out*, nº 1272, 4-11 enero 1995
- Gillick, Liam. *Art & Text*, octubre 1994
- Morgan, Stuart. "Rude Awakening", *Frieze*, nº 19, noviembre/diciembre 1994
- Heden, Anne. "Grymhetens", *Dagens Nyheter*, 16 octubre 1994
- Kent, Sarah. "Critics choice and preview", *Time Out*, 6-13 octubre 1994
- "Soon", *G-Spot Magazine*, nº 13, otoño 1994
- Worsdale, Godfrey. "Dinos & Jake Chapman", *Art Monthly*, nº 180, octubre 1994
- Corris, Michael. "The Disasters of War", *Artforum*, vol. XXXL, nº 10, verano 1993, pp. 121-122
- Freedman, Carl. "The Disasters of War", *Frieze*, nº 11, junio 1993
- Jennings, Rose. "Dinos & Jake Chapman/Victoria Miro Gallery", *Time Out*, 14-21 abril 1993
- Santacaterina, Stella. "The Disasters of War", *Art Monthly*, mayo 1993
- Edwards, Natasha. "Show Hide Show", *Artscribe*, noviembre/diciembre 1991
- Wilson, Andrew. "Letter from London", *Forum International*, vol. 11, nº 10 noviembre/diciembre 1991
- Francis, Mary Anne. "London Summer round-up", *Art Monthly*, nº 149, septiembre 1991
- Bracewell, Michael. "Someone to Watch Over Me", *Frieze*, nº 1, 1991
- Collings, Matthew. "Show Hide Show", *City Limits*, 1-8 agosto 1991
- Hall, Charles. "Show Hide Show", *Arts Review*, 9-23 agosto 1991
- Kent, Sarah, "Show Business", *Time Out*, julio/agosto 1991
- Cork, Richard. *Sunday Times*, 28 julio 1991
- Renton, Andrew. "The Reign of Narcissism and the Artist Playing God", *Blitz*, nº 93, septiembre 1990

Publicaciones / Publications

- Anker, Suzanne y Nelkin, Dorothy. *The Molecular Gaze: Art in the Genetic Age*, Cold Spring Harbor Laboratory Press, Nueva York, 2004
- *Turner Prize 2003*, Tate Britain, Londres, 2003
- Hwa Joo, Yeon. *British Contemporary 28 October-31* January 2004, Arario Gallery, Corea, 2003
- Herausgegeben von Richard, W. Gassen. *Utopien heute?*, Wilhelm-Hack- Museum, Ludwigshafen 2002
- Norman L., Kleeblatt. *Mirroring Evil: Nazi Imagery/Recent Art*, The Jewish Museum, Nueva York y Rutgers University Press 2002
- Heller, Renate Heidt. *Under the Skin. Biological Transformations in Contemporary Art*, Stiftung Wilhelm Lehmbruck Museum, Duisburg 2001
- Ellis, Patricia. *New Labour*, Saatchi Gallery, Londres 2001
- Aquin, Stéphane. *Francisco de Goya and Jake and Dinos Chapman: The Disasters of War*, Musée des Beaux-Arts de Montréal, Quebec 2001
- Folie, Sabine y Glasmeier, Michael. *Eine Barocke Party*, Kunsthalle Wien 2001
- Riemschneider, Burkhard, Uta Grosenick (ed) *Art Now* Taschen, 2001
- Collings, Matthew. *Art Crazy Nation*, 21 Publishing Ltd, Londres 2001
- Huxley, Paul. *The TI Group Art Collection. Painting Graduates of the Royal College of Art 1975-2000*, TI Group plc, Oxon 2000
- Wood, David. *Body Probe*, Creation Books 2000
- Gether, Christian y Høholt, Stine. *Mennesket*, Arken Museum for Moderne Kunst, Skovvej, Dinamarca, 2000
- LeVitte Harten, Doreet. *Heaven*, Kunsthalle Düsseldorf, Dusseldorf; Tate Gallery, Liverpool 1999
- Denk, Wolgang, Malá, Olga y Srp, Karel. *Close Echoes. Public Body & Artificial Space*, City Gallery, Praga/Kunst Hallle Krems, Austria 1998
- Muller, Brian. *UK Maximum Diversity*, Galerie Krinzinger, Viena 1998
- Adams, Brooks, Jardine , Lisa, Maloney, Martin, Rosenthal, Norman y Shone, Richard. *Sensation. Young British Artists from the Saatchi Collection*, Royal Academy of Arts, Thames & Hudson, Londres 1997
- Bond, Anthony and others. *Body*, Art Gallery of New South Wales, Bookman Schwartz, Sydney 1997
- Celant, Germano (ed.). *Future, Past, Present. La Beinnale di Venezia*, Venecia 1997
- Chapman, Jake. Interview with Robert Rosenblum, *Unholy Libel*, Gagosian Gallery, Nueva York 1997
- Collings, Matthew. *Blimey! From Bohemia to Britpop: The London Art World from Francis Bacon to Damien Hirst*, 21, Cambridge 1997
- Grunenberg, Christoph (ed.). *Gothic. Transmutations of Horror in Late Twentieth Century Art*, MIT Press, Cambridge Massachussets 1997
- *Spit Fire: Photographs from the Artworld. London 1996/97. Photographs by Johnnie Shand-Kydd*, Shipley, Londres 1997
- Biesenbach, Klaus y Schafhausen, Nicolaus. *Nach weimar*, Kunstsammlungen zu Weimar, Cantz 1996
- Muir, Gregor. *The Cauldron*, Dean Clough, Halifax 1996
- *Brilliant!: New Art from London*, Walker Art Centre, Minneapolis 1995
- Christensen, Torben. *Corpus Delicti*, Kunstforeningen, Copenhague/British Council 1995
- *General Release: Young British Artists, Bienal de Venecia*, Scuola di San Pasquale, Venecia 1995
- McKee, Dr. Francis. *Institute of Cultural Anxiety*, Institute of Contemporary Arts, Londres 1994
- Romano, Gianni y . Pollo , Barbara S. *Rien àSignaler, Analix*, Ginebra 1994
- *Watt*, Witte de With, Rotterdam 1994
- Morgan, Stuart. *Matter & Fact*, Collection Gallery, Londres 1993
- Chapman, Jake. *Clove Two*, Londres 1991
- Renton, Andrew. *Show Hide Show*, Anderson O'Day Gallery, Londres 1991

Monografías / Monographs

- *Hell. Jake & Dinos Chapman*, Saatchi Gallery, Londres, 2003
- Chapman, Jake. *Insult to Injury*, Steidl/Mack, Londres, 2003
- Malik, Suhail. *Works From The Chapman Family Collection*. Jay Jopling/White Cube, Londres, 2002
- Pearson, Keith Ansell, Martin , Jean-Hubert y van Twist, Kees. *Enjoy More*. Museum Kunst Palast/Groninger Museum. 2002
- Lande, Nick. *Chapmanworld*, Institute of Contemporary Art, Londres 1996

Publicaciones de los artistas / Publications by the artists

- Chapman, Jake. *Meatphysics*, Creation Books, 2003
- Chapman, Jake. "The Involution", *Frozen Tears; The Word Is Flesh*, ARTicle Press, 2003
- *Disasters Of War*. Chapman Publishing, 2002
- Chapman, Jake. "Eden, Eden, Eden, Christopher Knight, Creation Press" *Frieze*, nº 24, septiembre/octubre 1995
- Chapman, Jake y Falconer, David. "Anya Gallacio at Karsten Schubert, Londres", *Frieze*, nº 15, marzo/abril 1994

AYUNTAMIENTO DE MÁLAGA / MALAGA CITY COUNCIL

Francisco de la Torre Prados
Alcalde / Mayor

Diego Maldonado Carrillo
Concejal Delegado de Educación y Cultura /
Councillor for Education and Culture

Juan Ignacio Montañés García
Director de Cultura / Director of Culture

María Teresa Barrau Mateos
Secretaria de la Comisión de Seguimiento del CAC Málaga /
Secretary of the CAC Malaga Monitoring Committee

Javier Ferrer Morató
Director del Área de Alcaldía / Director of the Mayor's Department

CAC MÁLAGA

Fernando Francés
Director / Director

Mª Luz Arrebola
Gerente / Manager

María Alonso
Adjunta Dirección / Assistant to the Director

EXPOSICIÓN / EXHIBITION

Fernando Francés
Comisario / Curator

Helena Juncosa
Gestión Cultural y Comunicación, S.L.
Coordinación / Coordination

Hasenkamp. Manterola División Arte
T.D.M. Transporte y Montaje de Arte, S.L.
Transporte / Transport

David Márquez
Coordinación de Montaje / Installation Coordination

Javier Calleja
Óscar de la Fuente
James White
T.D.M. Transportes y Montajes de Arte, S.L.
Montaje / Installation

STAI. Servicios Técnicos de Aseguramiento Integral
Seguro / Insurance

Inés Fernández
Pilar Díaz
María Rodríguez
Actividades Pedagógicas / Educational Activities

Pilar Pertusa
Actividades Culturales / Cultural Activities

Ana González
Laura Borrás
Comunicación / Communication

Sandra Ruiz
Registro / Register

Enriqueta Tejera
Administración / Administration

Colaborador / Collaborator

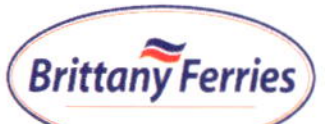

Apoyo Cultural / Cultural Support

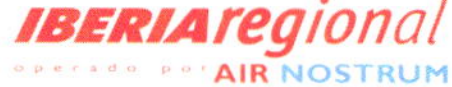

CATÁLOGO / CATALOGUE

Alberto Ricca
Diseño / Design

Matthew Collings
Fernando Francés
Textos / Texts

Discobole, S.L.
Traducción / Translation

© Stephen White
Fotografía / Photography

Artes Gráficas Palermo, S.L.
Impresión / Printing

ISBN: 84-96159-13-2

Depósito Legal: MA-424-2003

AGRADECIMIENTOS / ACKNOWLEDGMENTS

Kate Blake
Irene Bradbury
Susanne Bodek
Bettina Böhm
Susanne Cotter
Daniel Crespo
Tom Hale
Magnus Jensner
Kirse Junge-Stevnsborg
Evalena Lidman
Honey Luard
Andrew Nairne
Thomas Olbricht
Andrew Paterson
Modesto Piñeiro
Nathalie Nazarius

Brittany Ferries
Dunkers Kulturhus, Helsingborg
Jay Jopling / White Cube (London)
Modern Art Oxford
Sammlung Olbricht / Olbricht Collection, Alemania

Especialmente a Jake y Dinos Chapman, sin cuyo apoyo
y entusiasmo esta exposición no hubiera sido posible /
Especially to Jake and Dinos Chapman without whose support
and enthusiasm this exhibition would not have been possible

DUNKERS KULTURHUS

Equipo de la exposición / Team for the exhibition

Magnus Jensner
Comisario jefe / Chief Curator

Kirse Junge-Stevnsborg
Comisaria / Curator

Evalena Lidman
Coordinadora de la exposición / Exhibition Coordinator

AnnCatrin Gummesson
Coordinadora del programa / Programme Coordinator

Louise Andersson
Educación / Education

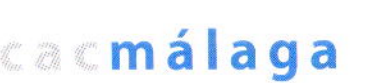

Centro de Arte Contemporáneo de Málaga

Alemania, s/n. 29001 Málaga.
Tel. +34 952 12 00 55. Fax: +34 952 21 01 77
cacmalaga@cacmalaga.org
www.cacmalaga.org

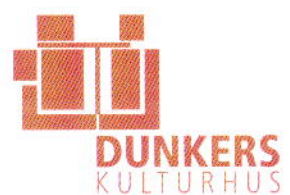

Kungsgatan 11
SE-252 21 Helsingborg.
ph +46 42 10 74 20, fx +46 42 10 74 11
www.dunkerskulturhus.com